教室の「すべて」を
子どもたちの
ために。

ギア55

教室

鈴木優太

東洋館出版社

はじめに

　「弘法筆を選ばず」という言葉があります。私は弘法大師ではないことを自覚しているからこそ、使う道具にはこだわります。また、弘法大師が選んだ筆を使ったら…凄まじいことになるはずです。いつか弘法大師の域に達する日が来たとしても（笑）私は使う道具は選びに選んで、選び抜くことでしょう。

　例えば、学校で長時間履き続ける『上履き』は、ちょっと値の張るものでも自分に合う良い物を選ぶようにしています。『長距離マラソン向けランニングシューズ』がお薦めです。100Kmマラソン愛好者が愛用しているモデルを私は教室で履いています。靴底が柔らかく、弾むような感覚で、教室を縦横無尽に動き回れます。デザインもお気に入りだと、履くだけで心躍る気持ちにもなります。自分の足に合った一足は、姿勢や歩き方を矯正し、人間が本来もっている力を引き出す効果もあります。『上履き』を変えることで、疲労感だけでなく、上機嫌に過ごせる心持ちまでもが変わりました。

　建物も、高く頑丈で斬新であるほど「土台」がしっかりとしています。『上履き』は教師を支える「土台」です。「土台」が「安定」していると、そこに乗る教師の身体も心も、そして授業も「安定」します。どうせ汚れる消耗品だからと疎かにせず、自分の力を引き出す運命の一足を選ぶと…変わります！

主体的・対話的で深く学べる子どもたちを育む「土台」となるのは『教室環境』です。主体的にさせるという言葉には矛盾がはらむため、子どもたちが主体的になるように「促す」ことが、教育現場ではますます大切になっています。『自分に合う上履き』のような、もっている力を引き出す「良き土台」としての働きかけが『教室環境』とそれを調整する教師の役目として求められているのです。「土台」が「安定」していると、そこで学ぶ子どもたちの身体も心も、そして授業も「安定」します。どうせくたびれる消耗品だからと疎かにせず、子どもたちの力を引き出す運命の逸品を選ぶと…変わります！

　最も大切なポイントがあります。

「何のため？」

　これを子どもたち自身が「納得」することです。子どもたちに関わることは、子どもたち自身の手で形にしていけることが望ましいです。とはいえ、0から何かを生み出すことは至難の業です。アイデアの種蒔きをしながら、子どもたちの成長の花が咲くドラマチックな瞬間を分かち合える幸せは、教職を選んだからこそ味わえる尊いものです。本書を活用し、子どもたちと「いっしょ」に、学びの「土台」を耕す営みを大いに楽しんでほしいです。

鈴木優太

目次

第1章 学級編

学級開き

朝の時間

教室環境

給食時間

掃除時間

休み時間

学級活動

帰りの時間

第2章　授業編

第3章　行事編

第 1 章

学 級 編

1年間が決まる出会い！
要録エンカウンター名刺

何のため 学級開きで子どもの心を鷲掴むため。

先生の名刺を作り、学級開きの「呼名」のときに手渡します。

【作り方】

先生の名刺の「裏面」に、子どもたち1人ひとりの名前（ふりがな）と、指導要録などで前担任から引き継いだその子の『いいところ』を記します。

私はパソコンソフト「ラベルマイティ」で作成しています。

（あえて1枚1枚手書きで作成するのも温かみがあります。）

【裏面】前担任が1年間かけて見つけた『いいところ』や、前年度に膨大な時間と労力をかけて作成した指導要録を活用しない手はありません。

✓ ここがポイント！

「給食を食べ終えると漢字練習に進んで取り組むなど、時間の使い方が上手になった…○○さん！」など、裏面の『いいところ』を読み上げてからはじめての「呼名」をします。名刺がカンペ変わりになります。

「名刺専用紙」（A4サイズで10面）はたくさんの種類、紙質の用紙が販売されていて便利です。「クリアカット」（台紙からシールのようにはがす）タイプは「裏面」の印刷範囲が限られるため注意が必要です。

Excel上にまとめたデータから「差し込み印刷」ができます。子どもに手渡し、保護者も目にするものなので、指導要録をそのまま転載することは避けます。表現には十分注意します。

【表面】簡単な自己紹介やマニフェストを記します。

　どの子もうれしそうに返事をし、仲間の『いいところ』に耳を傾けます。1ヶ月後も、名刺を出してはニコニコと眺めている子がいます。

　「新しい先生は、私たちの『いいところ』をしっかり見てくれる。」

　そんな思いをもてる出会いになり「インパクト」大です。

ノート「も」貼れる！
マグネットクリップ

何のため　**ノートづくりの意識が変わるため。**

　20cmの『マグネットクリップ』は、ノート「も」開いた状態で貼ることができる優れものです。1cmまでの厚さ（Ａ４普通用紙で約40枚）までならあらゆるものを挟むことができます。

　100円SHOPで発注後１～２週間で届きます。学級の人数分+αあると便利です。

開いて掲示されているノートを前に、感想や質問などの交流が自然発生します。

✔ ここがポイント！

書きたてほやほやのノート「も」自分の手で「即」掲示物化できます。
黒板から教室の側面掲示板に設けた『学習コーナー』への貼り直しもそのまま移動するだけです。

年1000の授業「以外」の時間も、子どもたちが学びに向かう支援となります。

家庭学習ノートを黒板に「貼って提出」します。登校直後、学習モードにスイッチオンです。

提出者が「ひと目」でわかるため、家庭学習を習慣化することにも効果抜群です。

　書いて「すぐ」に友達と見合えることが大きな励みになります。教師だけがコメントを書くことをがんばっていたときと比べ、子ども達の学びに向かう姿勢や人間関係が激変しました。見る、見られる環境の中で、ノートのまとめ方も他者を意識したものに変わっていきます。

宿題忘れよサヨウナラ！
家庭学習ラベル

何のため 提出の習慣化を身につけるため。

　家庭学習は、提出されたものから次々に全てチェックしてしまいます。

　そして、同じ「色」が5人分揃ったものから返却します。5人分揃っていない「色」だけ番号を確認し、未提出者には個別に声掛けをします。

【作り方】

　「ビニールテープ」を4cmに切って出席番号を書いたものを、家庭学習ノートやカードの背表紙上端に貼ります。

1〜5……赤	6〜10…青	11〜15…黄
16〜20…緑	21〜25…桃	26〜30…紺　など…

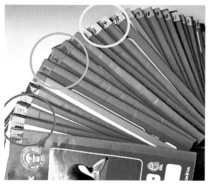

黄色は4冊だから…未提出の「12番」に声掛けします。

5人分揃ったものから「くばってくださいなコーナー」に置いて返却します。

✓ ここがポイント！

提出の習慣化に効果絶大です。朝のうちに全て確認し、返却することで、1日の中で丸付けの時間を工面することに労力を使う必要がなくなります。授業に安定してエネルギーを注げるようになります。

「マジックペン」との合わせ技もお薦めです。わずかな時間に、提出の確認をノートを開いたまま素早く行えます。

作成時は、「少しだけ」ビニールテープを重ねることでカッターマットからクリアファイルへの貼り替えが格段に高速化します。

子どもたち各自が「クリアファイル」（お便り入れ）に20枚ほど貼っておき、適宜新しいノートなどに更新したら自分で貼り写します。

　「『家庭学習ラベル』が貼ってあるものが家庭学習！」とはっきり分かることもあり、提出忘れの子どもが激減します。

　そのためには、「自分で貼る」＆「自分で貼り直す」ことが大切です。

　「ビニールテープ」は丈夫なので貼り直すことにも向いています。

書かないお知らせ！
両面お知らせカード

何のため：**見て行動する力を身につけるため。**

【作り方】

① 朝の活動をお知らせする紙を「2枚」印刷します。

② 印刷面がそれぞれ外側を向くように重ねて「2枚いっしょ」にラミネートします。

③ 両面の四隅に「豆マグネット」を貼ります。

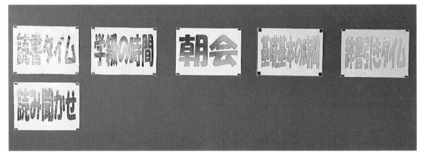

「両面」になるように「2枚いっしょ」にラミネートします。

✓ ここがポイント！

子どもたちだけで朝の活動ができるようにサポートする「お知らせカード」です。チョークで書く手間を省くだけでなく、「両面」にしておくことで、表裏を気にせずにストレスフリーで貼り出せます。

作るときにほんの少しの「ひと手間」をかけておくことで、使い勝手が格段に良くなります。

読書タイム、朝会、スキルタイム…「一目」で何をするかがわかり、自分たちで取り組めるようになります。

取り組むことの多い活動は「両面カード化」しておくと便利です。

　指示を「聞いて」行動できることも大切ですが、「見て」行動できることが、主体的な学習者への第一歩です。朝の活動に自分たちで取り組むことを習慣化することが子どもたちの主体性を育みます。当番の子が前日のうちに貼るときも「両面」だから素早く貼れます。

朝から1日ワクワクドキドキ！
紅白福引きBOX

何のため 学び合う文化をつくるため。

【作り方】

「2つ」の箱を貼り付け、それぞれ上部に穴を開けます。35人学級の場合、1〜35まで番号を書いたピンポン玉を入れます。1〜35のお題（30秒程度でできるゲーム）を記載した紙を貼ります。（ピンポン玉が出席番号＆お題番号を表します。）

【使い方】

朝の会の「今日の福引き」で日直が引いたお題に全員で取り組みます。

日直：今日の福引き！　　全員：今日の福引き！

日直：星2つ！　　　　　全員：ヨー！パン・パン（星の数だけ手拍子）

日直：班の全員と握手！　全員：（班の全員と握手したら座る。）

朝の会だけでなく、授業中にも使えます！

✓ ここがポイント！

赤から引いたピンポン玉を白へ、白から赤へと使用できる（2つの部屋に分かれている）ため、ピンポン玉の置き場所に困ることも、同じ番号が続くこともありません。持ち運んで使うこともできます。

お題（30秒程度でできるゲーム）を記載した紙は日直が1〜2周したら更新します。子どもたちからアイデアを募るのもお薦めです。

授業中も「ランダム指名」で大活躍します。ガラガラというピンポン玉の音が心地よいです。

休み時間も『福引きBOX』は大人気です。係（会社）活動や集会活動にアイデアが伝播します。

　朝の会でコーナー化することで、楽しさを下地に無条件に全員参加する「文化」が学級に育まれます。これにより授業中の「ランダム指名」がよりよく機能します。「誰が当たっても答えられるように学び合う」ことが当たり前になり、授業に主体的に参加する子どもが増えます。

データを十次利用！
価値モデルギャラリー

何のため 良き行動を拡散し、定着を促すため。

　幸せにつながる良き行動や良き姿を『価値モデル』と呼び、子どもたち自身の「写真」で紹介します。

　PowerPointで、「写真」に「価値付けした言葉」を入れたスライドに編集します。テレビ画面に映して繰り返し全員で唱えるのが『価値モデルフラッシュ』です。印刷し、教室に掲示したのが『価値モデルギャラリー』です。JPEGファイルに変換し、お便りに添付したのが、『価値モデル学級通信』です。このようにデータ化された『価値モデル』を二次利用、三次利用…十次利用するのです。

『価値モデル』を「データ」で作成します。言葉だけだと時間とともに忘れられてしまう価値ある行動を写真とセットで印象づけます。

「ちゃんと」の机＆イス

✔ ここがポイント！

「ちゃんと」や「ここ」といった抽象的なイメージも、具体的な事実（子どもたち自身の写真）として共有できます。作成した一つのデータをとことん「使いまわし」ます。

【データ十次利用アイデア】

一次利用	→	『価値モデルフラッシュ』
二次利用	→	『価値モデルギャラリー』
三次利用	→	『価値モデルスライドショー』
四次利用	→	『価値モデルピンポイント指導』
五次利用	→	『価値モデル学級通信』
六次利用	→	『価値モデル掲示物』
七次利用	→	『価値モデル懇談会』
八次利用	→	『価値モデル振り返りノート』
九次利用	→	『価値モデル歌ビデオ』
十次利用	→	『価値モデル日めくりカレンダー』

元は「一つ」のデータです。あらゆる角度からアプローチを行い、価値モデルの定着を促すのです。

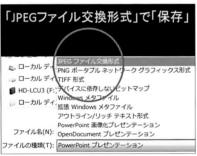

「JPEGファイル交換形式」で「保存」

PowerPointは「JPEGファイル交換形式」で保存すると、データの「二次利用」が容易に行えます。

階段のここ！

「ここ！」（こそあど言葉）で、イメージを共有できるのが写真の強みです。

※ 色画用紙に写真を貼り価値語を書き込む「価値語モデルのシャワー」実践を菊池省三先生に教えていただきました。

　定着するまで「繰り返す」ことは、とても大切な営みです。作成した一つのデータを、二次利用することで、少ない労力で大きな教育効果を上げることができます。子どもたち自身の姿という具体的な事実で安心と自信、そして幸せをつくっていきたいと願っています。

手ぶらで来ても学べるよ！
コピーノートストッカー

何のため どの子の学ぶ権利も保障するため。

【作り方】

① ノートと「同じ」行数・マス数を200枚印刷します。

② ノートよりも「ひとまわり小さく」外郭を裁断します。

③ 箱に入れ、忘れた人が使えるようにします。

先生にことわってどうぞ♪

忘れてしまった「後の行動」が大切です。

✓ ここがポイント！

『コピーノート』は記名（必要なら預かり）し、翌日持ってきたノート
に貼ります。ジャストサイズで美しく貼るために、「ひとまわり小さく」
裁断しておくのがポイントです。

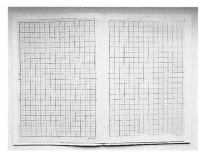

学期はじめに国語、漢字、方眼…各200枚ずつ印刷しておきます。
裁断機を使ってノートよりも「ひとまわり小さく」裁断しましょう。

忘れ物をしてしまった場合には「何でも貸せる」ように準備しています。

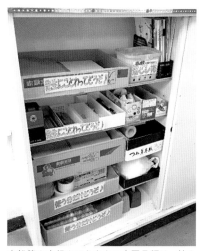

赤鉛筆や定規やのりなどの文房具類は、持ち主が見つからなかった落とし物をレンタルしています。

　自分の物を持ってくるまで貸し続けます。たとえ手ぶらで学校へ来ても、学ぶ権利を保障したいと考えているからです。学年でルールも物も共有できるとよいです。忘れ物が激減しました。忘れ物をしたくてしている子はいません。安心して学習できる所が学校です。

磁石で変幻自在！
曲板(まげいた)学習コーナー

何のため 掲示物の旬を逃さないため。

　等間隔に穴の開いた鉄製のプレート『曲板（まげいた）』で、『学習コーナー』を設けます。

　画鋲や強力両面テープで固定すると、「磁石」や「マグネットクリップ」で貼れる掲示板になります。

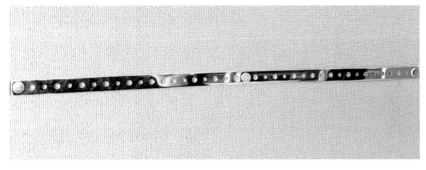

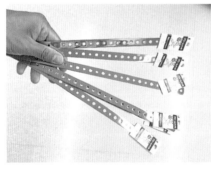

黒板に提示した資料も、移動するだけで知的掲示物に早変わりです。
100円SHOPやDIY SHOPで購入可能です。

✓ ここがポイント！

掲示板に貼り出した掲示物の「旬」は「その日」です。最長でも「３日」です。賞味期限切れの掲示物は惜しまず処分し、「鮮度」の高い情報に次々と更新します。子ども達の手でも安全に美しく掲示できます。

スピーカーや廊下の壁面も活用します。画鋲がつかない場所には「強力両面テープ」で取り付けます。教室の前後左右、上下、内外…あらゆる場所に「磁石」を付けられるようにします。

学校の掲示板にもぜひ。全校に広めたい児童の素敵な写真（価値モデル）を日常的に更新しています。「旬」なお知らせの貼り替えや移動が誰でも簡単にできます。

　開いて掲示されているノートを前に、朝や休み時間など授業「以外の時間」にも知的な対話や交流が教室で自然発生します。

　教室環境そのものが、「仲間と感化し合い、一人ひとりの力を伸ばしていこう」というインパクト大のメッセージです。

毎日アップデート！
曲板(まげいた)係コーナー

何のため 自分たちで掲示物を管理し、情報更新を学ぶため。

『曲板（まげいた）』で、『係（会社）コーナー』を設けます。

『マグネットクリップ』を併用することで、ノートも画用紙も新聞用紙も…あらゆる大きさのものを掲示することができます。

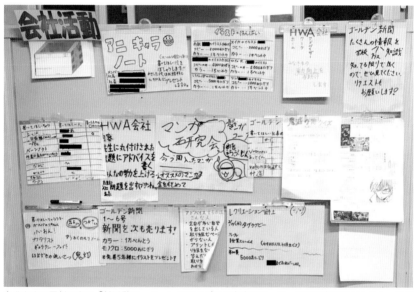

自分たちで更新できる「係活動コーナー」はアイデアの宝庫です。キャリア教育の観点からも、子どもたちの活動を積極的に支援しましょう。

✓ ここがポイント！

画鋲よりも、掲示のスピードと安全性が飛躍的に向上し、子どもたちが自ら掲示物を更新することが簡単にできます。教師だけが掲示板を管理するのではなく、子どもたちの手で更新できる点で優れています。

ラミネートした紙は『ミニホワイトボード』
としてホワイトボード用マーカーで書き消
しができ、取り外しも移動も自由自在です。
積極的な情報発信を促します。

掲示物の移動が簡単にできるため、係ごとに場
所を区切らずとも、自分たちでうまくやりくり
して貼っていきます。

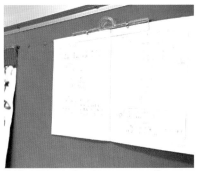

鉄製の画鋲にも『マグネットクリップ』がくっ
つきますが、整然と掲示できて落ちにくい点で
『曲板』が優れています。

　情報を自分たちの手で更新することが頻繁にできて、レイアウトの自
由度も高いため、係活動の活性化に大いに貢献します。

　係活動にありがちな「停滞期」もなんのそのです。

　「好き」や「得意」を認め合える温かな教室を具現化しましょう。

デッドスペース活用の万能アイテム！
突っ張り棒

何のため 整理整頓して、子どもも教師も快適の空間にするため。

『突っ張り棒』を横に縦に、1本で2本以上で、物を掛けるだけでなく、仕切りにしたり、棚を増やしたり…自由自在の万能収納アイテムです。

物を「掛ける」以外にも「押さえる」、「乗せる」など、アイデア次第で様々な使い方ができます。

✓ ここがポイント！

手軽な『バネ式』と、重い物向けの『ジャッキ式』の2種類があります。適切な「長さ」、用途にあった「耐荷重」の物を「正しく取り付ける」ことで落下の心配なく、安全に使うことができます。

着替え用ロッカーの「奥」や「横」に、スラックスやベルトやネクタイなどを「掛ける」ことで、広々と使えます。

ブックスタンドにもなります。

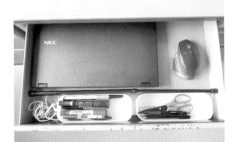

職員室の机の引き出しの中の仕切りに使用します。ノートPCと文房具を一緒にしまうことができます。

太めの突っ張り棒を「2本」張ることで、「棚」を教材室に作ることができました。

　壁に穴を開けずにどこにでも手軽に取り付けられるのが強みです。『突っ張り棒』の活用法だけを1冊にまとめた本が発売されているほどです。ネットで検索してもたくさんの実用的アイデアが手に入ります。これらを学校生活の中で活かさない手はありません。

紙を制する者は教室を制する！
あまりプリントBOX

何のため 紙を1か所に集め、管理するため。

　A4 or B4用紙が入っていた箱を『あまりプリントBOX』として教室に設置します。

【さらに一工夫】

① 上下の「仕切り」を付けます。

② 上の段は個人情報有り（シュレッダーにかける）、下の段はそれ以外（リサイクルできる）に分けて入れるようにすると、改めて分別する手間がなくなります。

ペーパーレス化が進む社会の中で、不要な紙を管理する意識を教室で共有します。

✔ ここがポイント！

教室の全ての紙が最終的に「1か所」に集まるようにします。学校では、配付物がない日はありません。放っておくと教室は大量の紙、紙、紙！であふれかえります。美しい教室は紙が片付いています。

教室内で「シンデレラフィット」する置き場所を見つけられると気持ちがいいです。もう1枚必要なときにもここから持っていきます。

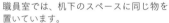

職員室では、机下のスペースに同じ物を置いています。

家庭学習やチラシなどのプリントはロッカーの上に並べ、給食を下膳した人から「自分で」取るようにしています。

　紙は「即・処分」です。やっぱり必要だったというときも大丈夫です。職員室で呼びかけると担当者が一部は持っています。ほとんどの「元データ」はサーバー内に存在します。どうしても保存しておきたい物はスキャナでデータ化しましょう。大量の「紙」をどう扱うかが肝です。

重ねても重ねてもかさばらない！
苗トレー

何のため ▶ 効率よく回収するため。

　理科や生活科の教材や緑化のための「苗」を注文すると、黒いポリポットを一度に運ぶための『苗トレー』に入って納品されます。これが、ノートも「開いて」集めることのできる回収かごとして優秀です。

カゴやトレーは何かと重宝しますが、使っていないときにどれだけ「空間を節約」できるか意識することが大切です。

✓ ここがポイント！

いくつでも「重ねる」ことができてかさばりません。同じ規格（形・大きさ）の物を揃えるようにします。業者やホームセンターにお願いすると「無料」で手に入ります。綺麗に洗って使いましょう。

４つ重ねてもこの通りです。収納しておくにも余計な場所を取りません。

洗うひと手間が必要ですが、手間をかけた分、愛おしくもなるものです。

単元テストの箱を回収かごとして活用していましたが、「２つまで」しか重ねられないのが大きな欠点でした。

　Ｂ４サイズのノートもＡ３サイズの教科書も「開いて」回収でき、丁度良い深さのある「01」という規格（外寸385mm×530mm×100mm）の『苗トレー』を私は愛用しています。軽い上にとても丈夫です。苗を運んで役目を終えてしまうのではもったいない逸品です。

お手軽オーダーメイド！
SPF材

何のため ：ユースフルスペースを増やすため。

　SPF材は、値段がお手頃でDIYに最適な木材です。Spruce（えぞ松）と
Pine（松）Fir（もみ）の頭文字をとってSPF材と呼ばれています。

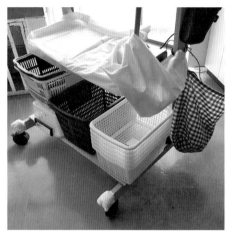

テレビ台下のかご置き場は、約1,000円で作成できました。

「採寸」さえしてあれば、お店の方と機械がやってくれます。オーダーメイド品があっという間に完成します。

✓ ここがポイント！

DIY SHOPには、購入した木材を無料or数十円で裁断してくれるサービスがあります。「事前に採寸」しておくことだけがポイントです。柔らかい材質なので、その後の加工も簡単にできます。

ロッカーの棚を増やして収納力大幅アップ。棚板を支える「ダボ」は「六角ボルト」で代用できます。

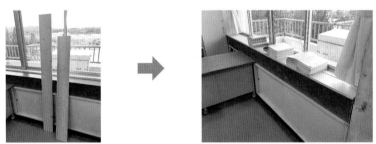

窓前の凹凸を平らにしたことで、ノートを置いたり、子どもたちが学習したりできるスペースになりました。

　教室で10年以上使い続けてきたテレビ台下のSPF材は、特別なメンテナンスも何もしていませんが、びくともしていません。耐水性が弱点なので、屋外使用の場合は要防腐塗装です。教室のデッドスペースを「ユースフルスペース」に変える心強い味方です。

完食率99.9％！
おかわり優先「権」

何のため ：**量感を育み、気持ちよく食べ切るため。**

【やり方】

① 給食を「同量」ずつ配膳します。

② いただきます直後に、量の調整（箸を付ける前に減らす）をします。

③ 主食の「ごはん」や「パン」を一口でもおかわりしてくれた人に、『おかわり優先「権」』が発生します。

④ 優先→一般→オープン（誰でも＆2回目）の順に一品ずつおかわりができる「優先式おかわりシステム」です。

残りがちな「ごはん」や「パン」が、『おかわり優先「権」』を付けると
完売します。人気メニューは同量に分けるかじゃんけんをするか希望者
（希望したときに「権」は消滅）で決めます。

✓ ここがポイント！

量の調整とおかわりをはじめに行い、配食された分を空っぽにしてから落ち着いて食べます。自分の食事スピード「時間感覚」や、食べ切れると決めた量を食べ切る「量感」を育てることも大切な食育です。

「どのくらいなら食べ切れそう？」と確認し、どうしても食べ切れないものは箸を付ける前に減らします。適量の調節が自分でもできるように支援します。

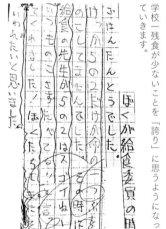

ぼくが給食委員の時、ごはんたんとうでした。いつからのこりが命の一つずつをいかしてませんでした。その時に給食の先生が5の2はスコイね！といってくれました！ほくたちにこのこいさましてくれました。いつもいわれたいと思いました。

学校一残食が少ないことを「誇り」に思うようになっていきます。

気持ちよく食べられるルールを子どもたちと模索し続けましょう。「音」を意識すると「所作」が変わります。「無音配膳」や「無音下膳」も心がけます。

給食当番やおかわりのシステムで、学級が見違えるように変わります。早食いや力の強い子だけがおかわりできる弱肉強食システムは好ましくありません。よく食べるようになると、よく学ぶようになります。残すのは悪という雰囲気だけにはならないように注意しましょう。

荒れの芽を摘み、根を断つ！

ストロー袋BOX

何のため 気持ちのよい環境を保つことを意識づけるため。

『ストロー袋BOX』を回して、いただきます直後にストロー袋を回収します。

この具体的な小さなゴミから意識することで、清掃の意識が高まっていきます。

✅ ここがポイント！

落ち着かない学級は、教室に多くの「ゴミ」が落ちています。特に目立つのが「ストロー袋」です。このような「些細なこと」にも目や心を向けて行動できることが、落ち着いた生活を営むためには大切です。

小さなゴミ箱を教室に増設してみましょう。簡易フックなどに掛けた『空中ゴミ箱』で、掃き掃除もスムーズです。ゴミを捨てることがおっくうにならない環境づくりが大切です。

ストロー袋を縮める「いもむし作戦」や、結ぶ「キリンのマフラー作戦」をいただきます直後の習慣にしていくのもgoodです。

教室に落ちているゴミ、『ストロー袋BOX』が回るスピード、話し声のボリュームや残食の量…給食時間一つでも、学級の状態を見極める指標がたくさんあります。

　私は、気持ちの良い環境で学びたいです。ゴミのない美しい環境を自分たちで整えられる人たちに育ってほしいと願っています。「何のため」を子どもたちが納得し、続けていくことでしか、荒れの芽を摘み、根を断つことはできません。毎日出るゴミの確実な回収から始めます。

道具を大切に扱うようになる！
マイぞうきん君

何のため：集団の中で、自分のものを管理できる力を養うため。

【作り方】

① 　1人1枚、ぞうきんに、油性のマジックペンで目や口を書き込みます。

② 　各自の椅子に取り付けた紐付き洗濯ばさみで、「自己管理」します。

　※紐付き洗濯ばさみは100円SHOPで手に入ります。

③ 　ボロボロになったら交換します。

「ぞうきんは汚れているから。」と乱雑にしていた子どもが「自分のぞうきんだから。」と大切に扱うようになりました。

✔ ここがポイント！

「みんなの」という意識も大切ですが、「自分の」という実感が、タブレットやゲーム機も1人1台時代の現代を生きる子どもたちに響きます。自己管理できる所は積極的に子どもたちに任せていきましょう。

「自分の席の下に水溜まりができるのは気持ちが悪い。」と、ぞうきんを固く絞れるようになった子もいます。毎日の清掃活動に心を込めて取り組むようになりました。

個性溢れる楽しい表情になるように促します。名前を付けてもOKです。

すずらんテープで紐付き洗濯ばさみも手作りします。自分で作った物だから、自分で直すこともできます。

　紐付き洗濯ばさみを手作りするのもお薦めです。壊れてしまっても自分で修復ができて、一層大切に扱うようになるからです。ぞうきん掛けを置くスペースも必要ないため、教室がスッキリとします。東日本大震災のときに体育館で授業をした経験から取り組み続けています。

家庭の技！
アンダーゴミ袋

何のため 生活の知恵を実感して、環境改善のヒントを得るため。

【やり方】

① ゴミ箱の「底」にゴミ袋を数枚入れておきます。

② いっぱいになったゴミ袋を持ち上げ、「底」に入れていた新しいゴミ袋と交換します。

ゴミ箱の大小や形状を問わず、万能に使えるテクニックです。

✓ ここがポイント！

家事を楽にする基本は動作を減らすことです。一緒に使うものは一緒に（近くに）しまう。ゴミ袋の底は穴場の収納場所です。特別な道具は必要ありません。子どもたちが自分で交換できるのがポイントです。

極端に水分の多いゴミ以外は、衛生面でも問題ありません。

ロールタイプの袋はかさばらずに便利です。このままゴミ箱の「底」に入れておきましょう。

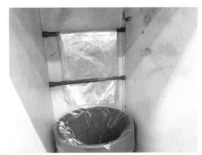

「突っ張り棒」を2本使って、ゴミ箱のすぐ近くに袋を常設する方法も実用的です。

　特別教室はゴミ捨てがおっくうになりがちで、ゴミが溢れていても放置されていることが珍しくありません。子どもたち自身の手で新しいゴミ袋に交換することができます。ゴミ捨てって、不思議と子どもたちの憧れの仕事です。こまめに交換するのも負担じゃなくなります。

クラスの魔物に向き合おう！
カードゲーム『クラモン』

何のため : **クラスの課題を解決するため。**

【作り方】

クラスの課題を話し合い、クラスの魔物『クラモン』をカード「5枚」に同じ絵（タブレットで描いてみるのもお薦めです）を描きます。12種類×5枚で2〜6人で遊べます。

【遊び方】

① めくったカードが初めて出た『クラモン』だったら、ふさわしいと思う名前を付けます。

② めくる→名付ける→重ねる…と繰り返します。

③ めくったカードがすでに名前を付けた『クラモン』だったら、その名前を叫びます。一番早く言えた人が、それまでに重ねられたカードを全てもらいます。山札が尽きたときに、集めた枚数が最も多い人がチャンピオンです。

「ワルモンだけじゃなくイイモンも作りたい。」と1セット（60枚）作った強者もいました。

✔ ここがポイント！

私たちのクラスの魔物『クラモン』をカードに描き出します。この『クラモン』をカードゲームにして遊んでみると、「あら不思議！」クラスの課題が嘘みたいに消えて無くなる…かもしれません。

「ろうかを走っているから…はしり目こぞう！」「ろうかは歩くように気を付けないとね。」自分たちが作った愛着のあるものだからこそ、こうした交流が自然発生します。

『ミニホワイトボード』に書き出してみたアイデアを共有し作成しました。

本家「ナンジャモンジャ」セットと一緒に教室に置いてあることで、外遊びができない休み時間も教室は笑顔に包まれています。

※　カードゲーム「ナンジャモンジャ」はリーベディバ・アリョーナ作、フェドトヴァ・ナヂェズダ絵の著作物で、「ナンジャモンジャ」は株式会社すごろくやの登録商標です。日本国内では株式会社すごろくやが販売しています。

　おかしなモンスターを作り、おかしな名前を付ける…だからこそ、モンスターの風貌や付ける名前が、誰かが不快な思いをするようなものや下品なものにならないようにします。ゲームを気持ち良く成立させるための「約束」を子どもたちが考えられるようにしたいものです。

幸せと思えるコミュニティをつくる！

議題箱

何のため ：共同体感覚を育みながら問題解決能力を身につけるため。

誰でも、いつでも記入できる『議題箱』を教室に設けます。

自分たちの「声」で学級＝コミュニティをつくっていく象徴です。

議題箱を教室に設け、輪になって話し合います。「まずは1週間（1度）やってみましょう！」を合言葉に、振り返り、修正していく「サイクル」を積み重ねます。お互いを尊重して意見を聴き合い、仲間の自己決定を見守ることや、集団決定する経験を積み重ねることで、主体的に問題解決しようという雰囲気が学級の中に醸成されていきます。

✅ ここがポイント！

議題箱の運用法や、話し合いの仕方に絶対解があるわけではありません。子どもたちが納得できる取り組み方をいっしょに考えていきましょう。大切なのは、議題箱が教室に「ある」ということです。

毎日の朝の会でのクラス会議（主に個人の問題解決10分）と、1～2週に1度の
クラス会議（主に学級の問題解決30分）を継続してみましょう。…変わります！

子どもたちが「手作り」したものが望ましいです。学級目標と結びついたデザインも素敵です。

議題を書く紙はなるべくシンプルにしています。

参照：赤坂真二『クラス会議入門』（明治図書出版）
　　　森重裕二『1日15分で学級が変わる！クラス会議パーフェクトガイド』（明治図書出版）

　リアルな問題を解決する話合い活動でしかつけられない力があります。大人の私たちも、特に有事の際（東日本大震災、新型コロナウィルスなど）には話合いの尊さを実感してきたはずです。個人の悩みも、皆でやってみたいことも「気軽に」話し合えるコミュニティが理想です。

意見の見える化&動く化！
ミニホワイトボード４色短冊

何のため ： 地に足の着いた話合いを促すため。

【作り方】

① 　Ｂ４用紙（白）、Ａ４用紙（赤・青・黄）を「ラミネート」します。

② 　「半分」に裁断し、安全のために角を丸めます。

③ 　マグネットを「両面」に貼ります。

　話合い活動では色ごとに役割分けをして使用します。

「白」…意見

「赤」…良さ

「青」…どうしても心配なこと

「黄」…心配解決アイデア

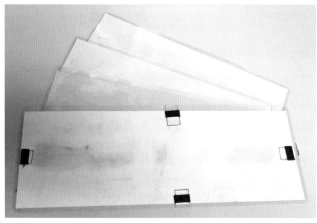

空中戦の議論ではなく、地に足の着いた話合いを促すアイテムです。

✅ ここがポイント！

ホワイトボード用マーカーは書き消しが容易です。机の上で書けて、貼ってから移動することも自由自在です。やり直しが簡単にできるため子どもたちにとっても扱いやすく、黒板記録の仕事を支援します。

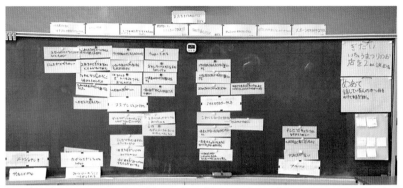

「白」（意見）を囲むように上部に「赤」、下部に「青」と対応して「黄」と貼っていきます。動かしたり、チョークでまとめたり、おろしたり、はずしたり、話合いの目的に合わせてさまざまな使い方ができます。

思考メモを拡大したものというイメージなので、「横書き」が自然な感じがしていますが、「縦書き」も○。

教科の学習でも意見を貼り出し、グループ分けするのに大活躍です。

「赤（良さ）がたくさん出ているものに決まりそう。」

「青（どうしても心配）も出ているけれど、でも、黄（解決アイデア）をしたら大丈夫そうだから、これに決まっても納得できそうだ。」

意見の「量」や「質」を決め手に、集団決定や自己決定が促されます。

停滞期をCLEAR！
会社（係）活動振り返りお給料日

何のため 振り返り、正当な他者評価を通して、新チャレンジを促すため。

お給料は2種類です。

① 「言葉のお給料」はあげ放題です。赤い付箋に「ほめほめ」、青い付箋に「前向きなアドバイス」を事前に書いて連絡帳などに貼っておき、お給料日に各会社のお給料シートに貼ります。

② 「学級通貨」は指定枚数を自分が所属している以外の会社に、各自がこれまでの取り組みを評価してお給料袋へ配分します。使い道は指定しませんが「使ってみたい！」という声が必ず出ます。お金の魔力です。

✓ ここがポイント！

会社活動に必ず訪れる「停滞期」を打破するためにも、『振り返りお給料日』の日時の告知を早めに行うことが肝心です。時間（時数）はかけずとも期間をかけて活動が展開されていきます。

大きな行事の隙間をぬう7月、9月、12月、2月を目途に、年4回程度「振り返りお給料日」を実施しています。30秒程のファイナルアピールタイムで会社のがんばりをプレゼンします。

『㋡にごとも㋐きらめず㋛すけあうクラス』が学級目標の学級通貨は『1万㋡㋐㋛』でした。

通貨を使った活動を始める会社や、会社フリマなどのダイナミックな学級活動に発展しました。

　お給料を手立てに「振り返り」することを最も大切にしています。「言葉のお給料」と「学級通貨」という仲間からの質的・量的なフィードバックが次の活動への起爆剤となります。新学習指導要領の学級活動の内容（3）「一人一人のキャリア形成と自己実現」にも合致する内容です。

ルールは変えられるから面白い！
ドッジボールバリエーション

何のため ：ルールを工夫することを、話し合って実現するため。

①**ダブルボールドッジ**…ボールを2つ、3つ、4つと増やします。

②**ドッジビー**…ボールではなく、やわらかいフリスビーを使います。新聞ボールやソフトボールもおすすめです。

③**ピザドッジ**…ピザのような円型コートで3チーム、4チームが同時に対戦します。大人数向け。

④**挟みドッジ**…1つのコートを外野が囲みます。少人数向け。

⑤**アメリカンドッジ**…外野は置かず、ボールを当てられた人は相手のチームに移動して戦います。

⑥**アイドルドッジ（王様ドッジ）**…（王様、女王様、王子様）の生き残り人数で勝敗を決めます。

⑦**シューティングドッジ**…コート内のカラーコーンの残った本数で勝敗を決めます。

⑧**復活ドッジ**…外野になっても自分のことを当てた人がアウトになると無条件で復活できます。

⑨**相棒ドッジ**…相棒（ペアやグループ）と、アウトや復活を共にします。

⑩**島ドッジ**…コート内の島の中に相手チームの外野が1人入ります。

⑪**かくれんぼドッジ**…陣地の中に跳び箱などの障害物を置き、そこに隠れながら戦います。

⑫**転がしドッジ**…ボールを転がして行います。

⑬**バウンドドッジ**…1バウンド以上したボールでアウトになります。

⑭**ダブルライフドッジ**…ライフ（命）がもう1つある人はゼッケンなどで見分けがつくようにします。

⑮**無敵マンドッジ**…無敵マンはボールが当たってもアウトになりません。

⑯**利き手ドッジ**…利き手じゃない方の手でボールを投げなくてはなりません。

⑰**監獄ドッジ**…当てられた人は外野ではなく監獄ゾーンで待機し、内野がキャッチすると1人が復活できます。外野は固定です。

⑱**ミッションカードドッジ**…ミッションカードを（例えばターゲットを当てたとき、試合開始2分が経ったときなどに）引いて、そのカードに書いてあることを実行します。

⑲**コスプレドッジ**…変装をしてやります。安全に十分気を付けてやりましょう。

⑳**競技ドッジ**…意外と知られていないのが公式ルールです。一般財団法人日本ドッジボール協会のHPをご覧ください。

✓ ここがポイント！

共通する基本ルールは開始前に確認します。例えば次の3点です。

1　勝敗を決めるのは内野の人数か？外野の人数か？それ以外か？

2　首から上はセーフかアウトか？

3　元外野（はじめに外野だった人は試合中に一度だけ内野に戻れる）は有りか無しか？

直径600mmの巨大ドッジビーもあります!!通常のルールだと得意な一部の子だけが楽しい活動になってしまうことがあります。みんなが笑顔で取り組めるルールに変えてもいいんです!

①〜⑳から、自分たちが楽しく取り組めそうなものを投票して決めたドッジボールを「まずやってみる!」と良いです。経験が大切。

話合って決めた『ピザ×トリプル新聞ボール×利き手×復活×コスプレ×ミッションカードドッジ』を教室でも安全に楽しめました。

　ルールとルールを「フュージョン」(融合)することで、自分たちだけのオリジナルルールの『フュージョンドッジボール』を作ることもできます。話合い活動を通して、自分たちで楽しいことに楽しく取り組めるクラスになってほしい願いから、アイデアの種蒔きを惜しみません。

安全&簡単…なのに大満足！

ブルーシートお化け屋敷

何のため ┊ **非日常の特別な活動を演出するため。**

【作り方】

① 「すずらんテープ」を上窓の柱と反対側の上窓の柱に結びつけてピンと
　　張ります。

② この上に「ブルーシート」をかけます。

③ 「黒ゴミ袋」で窓をふさぐと、本格的に暗くなります。

すずらんテープさえこのように張っておけば、直前にブルーシートをかけるだけ
で、教室が迷路のようになります。

✔ ここがポイント！

「すずらんテープ」も「ブルーシート」も「黒ゴミ袋」も全て「再利用」
できる物なのでゴミが出ません。準備も片付けも大変そうなお化け屋
敷ですが、このような方法で手軽に実施できます。

非日常の特別な活動に子どもたちは大満足です。「自分たちの力で計画を立てて実行できた！」という思いがもてるように支援したいものです。

雰囲気を味わうだけなら備え付けのカーテンで十分ですが、「黒ゴミ袋」で窓をふさぐと、さらに暗闇の世界となります。

「目」をふさいでしまえば真っ暗闇になります。明るい部屋でもできる「アイマスクお化け屋敷」もオススメです。

　教師だけががんばるのではなく、子どもたち自身の手で実現していけることこそが児童会活動や学級活動の醍醐味です。「お化け屋敷」の場合は、暗闇で興奮状態となります。特に安全面に注意を払う意識を全員で共有して活動する（必要なルールを設ける）ことが大切です。

出し物大会を本格演出！
スーパーいいね

何のため：**全員参画の出し物大会にするため。**

【使い方】

① 「いいね」と「スーパーいいね」のどちらかの札を、審査員役（5人）が上げます。

② 審査員役は毎回ローテーションします。1人1回以上やります。

③ 音楽室から「小太鼓」を借用し、ドラムロールも入れるとさらに盛り上がります。

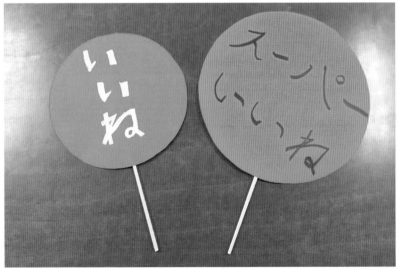

全員参加の雰囲気が促され、出し物大会が異様に盛り上がります。

✅ ここがポイント！

「審査員の皆さん、お願いします！」ダララララ（ドラムロール音）…ダン！テレビ番組のような楽しい雰囲気とテンポの良い進行が促されますが、得点を集計して勝敗を決めるための物ではありません。

審査員役は毎回ローテーションします。学級の人数や出し物の数にもよりますが、1人1回以上、全員が経験します。

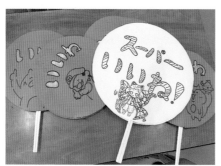

「スーパーいいね」が一回り大きくなるように、担当になった子どもたちが画用紙と割箸で手作りします。

本物のドラムロールも入れるとさらに盛り上がります。

　出し物大会のドキドキワクワク感を増すためのアイテムです。「お楽しみ会プロジェクトリーダー」（4人程度）を組織し、内容の原案や議題を決めます。ここで教師も一緒にアイデアの種蒔きをします。実際にやるかどうかを決めるのは子どもたちです。

公開型振り返りノート！

自分帳

何のため：**多様な価値観に触れ、振り返りを習慣化するため。**

『自分帳』は、自分の振り返りも記すし、仲間からのフィードバックも記される、1冊の中で自分を練り上げていく省察＆交流ノートです。

私は、「公開」することを原則としています。読まれても良いことを書く（読まれたくないことは書かなくても良い）約束にしています。

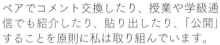

ペアでコメント交換したり、授業や学級通信でも紹介したり、貼り出したり、「公開」することを原則に私は取り組んでいます。

主に帰りの会で、時に授業中に、5～10分程度で書きます。

✔ ここがポイント！

横書きや縦書き、罫線や方眼、A4サイズやB6サイズ、手作りや市販品、書くタイミングやボリューム…色々試しましたが、どんなスタイルであるかよりも、どんな「ねらい」で継続するかが最も大切です。

「テーマ」を設けたり、3つあります作文などの「モデル」を示したり、「句点（。）1つが500円玉、2000円分以上（4文以上）書こう。」などの声掛けを行ったりすることで内容も充実していきます。

振り返りの「書き方」を学び合うことも大切にしています。しかし、「公開」することで本音を書きにくくなることも念頭に置かねばなりません。

イラストや吹き出しも可としています。実感が滲み出ることがあります。

　私は、様々な友達と関わり、良いところに目を向けてほしい「ねらい」から『自分帳』に取り組んでいます。「公開」形式にすることで、情報を発信したり、受け取ったり、コメント（交流）したりする際のマナーも身につけていってほしいからです。

敷居の高くない紙に滲み出る実感！
かしこまらない紙

何のため ：本音を引き出すため。

　白い紙やプリントの裏紙など、あえて『かしこまらない紙』に振り返りを「かく」のです。「作文用紙」や「振り返りシート」などには出てこないような「かしこまらない言葉」、「かしこまらない絵」、「かしこまらないタッチ」にいきいきとした実感が滲み出ることがあります。

いわゆる「雑紙」を教室に用意しておきましょう。

✓ ここがポイント！

心が動く豊かな体験をした直後（次の時間や帰る前）に「かく」（書くや描く）ことで、振り返りの感度が磨かれます。「かく」ことをためらうことのない、敷居の高くない紙が『かしこまらない紙』です。

お楽しみ会の振り返り

良かったこと
みんなが楽しんでいて、時間も4回できるほど、
時間の使い方がうまかったことです。

もう少し
一人ねらいなどがおきたり、足の速い人が2人いて
ぶつかった事などのみんなの不満があまりない
ようにしたかったです。

「今日のお楽しみ会の満足度を♥の大きさで表現します。良かったこと、次回にいかしたいことも
言葉や絵で描きましょう。」何にもないから何でもできます。

「個人フォルダ」に掲示し共有するときは、子
どもたちが「自分で更新」できるようにします。

廊下に「吊るす」掲示方法もお薦めです。他学
級の振り返りを気軽に見る・見られるからです。

　構成されたワークシートは、時に、自由な表現を阻害している場合もあ
るかもしれません。教育現場では、言葉で「書く」ことが重視されがちで
すが、絵や図や色も用いて「描く」ことで、自分にとって大切なことに気
がつくこともあります。丁寧過ぎない方が学びやすいこと「も」あるのです。

良音で歌おう！
オルガンスピーカー

何のため ：音楽を大きな音で楽しむため。

【やり方】

「オーディオ変換ケーブル」（φ6.3mmステレオ標準プラグ—φ3.5mmステレオミニプラグ）で、オルガンと音楽再生機器（CDデッキ・タブレット・PC…）を接続します。

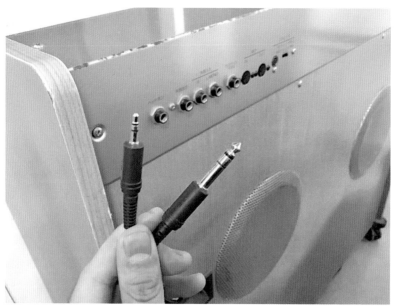

オルガンが…「巨大スピーカー」になります。

✔ ここがポイント！

BGMやカラオケを良質な大音量で楽しむことができます。「有線マイク」を直接接続することもできます。歌を歌って気持ち良く帰る他にも、授業やお楽しみ会、学習発表会の演出に一役買うテクニックです。

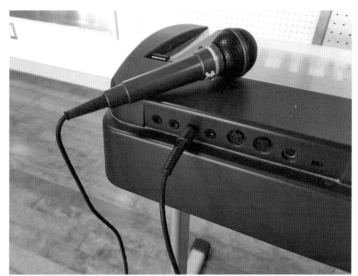

「有線マイク」や「エレキギター」などを接続しても、オルガンが…「巨大スピーカー」として大音量を奏でます。

外部入力できるモデルのオルガンが対応します。
（外部入力できないモデルは対応しません。）

特別教室や屋外での活動で重宝する「Bluetooth対応ワイヤレススピーカー」も重宝します。

　「オーディオ変換ケーブル」は数百円で購入することができます。大がかりな機材を搬入せずとも、教室のオルガンを活用することで本格的な大音量を手軽に奏でることができます。「ケーブル」や「変換コネクタ」は各種取り揃えておくと、できることが広がります。

郵 便 は が き

１１３８７９０

料金受取人払郵便

本郷局
承認

3601

差出有効期限
2022年2月
28日まで

東京都文京区本駒込5丁目
16番7号

東洋館出版社
営業部 読者カード係 行

ΙιΙΙ·ΙΙ·ιΙΊΙΙ·ΙΙ·ιΙΙ····Ι·Ι·Ι·Ι·Ι·Ι·Ι·Ι·Ι·Ι·Ι·Ι·Ι·Ι·Ι·Ι·Ι·ΙΙ

ご芳名	
メール アドレス	@ ※弊社よりお得な新刊情報をお送りします。案内不要、既にメールアドレス登録済の方は 右記にチェックして下さい。□
年　齢 性　別	①10代　②20代　③30代　④40代　⑤50代　⑥60代　⑦70代～ 男　・　女
勤務先	①幼稚園・保育所　②小学校　③中学校　④高校 ⑤大学　⑥教育委員会　⑦その他（　　　　　）
役　職	①教諭　②主任・主幹教諭　③教頭・副校長　④校長 ⑤指導主事　⑥学生　⑦大学職員　⑧その他（　　　　）
お買い求め 書店	

Q ご購入いただいた書名をご記入ください

（書名）

Q 本書をご購入いただいた決め手は何ですか（1つ選択）

①勉強になる　②仕事に使える　③気楽に読める　④新聞・雑誌等の紹介
⑤価格が安い　⑥知人からの薦め　⑦内容が面白そう　⑧その他（　　　　　　　）

Q 本書へのご感想をお聞かせください（数字に○をつけてください）

4：たいへん良い　3：良い　2：あまり良くない　1：悪い

本書全体の印象	4—3—2—1	内容の程度/レベル	4—3—2—1
本書の内容の質	4—3—2—1	仕事への実用度	4—3—2—1
内容のわかりやすさ	4—3—2—1	本書の使い勝手	4—3—2—1
文章の読みやすさ	4—3—2—1	本書の装丁	4—3—2—1

Q 本書へのご意見・ご感想を具体的にご記入ください。

Q 電子書籍の教育書を購入したことがありますか?

Q 業務でスマートフォンを使用しますか?

Q 弊社へのご意見ご要望をご記入ください。

ご協力ありがとうございました。頂きましたご意見・ご感想などを SNS、広告、宣伝用に使用させて頂く事がありますが、その場合は必ず匿名とし、お名前等個人情報を公開いたしません。ご了承下さい。

社内使用欄　回覧　□社長　□編集部長　□営業部長　□担当者

第 **2** 章

授業編

スケルトンボックス型授業が学びやすい！
先出し図入り単元計画

何のため ゴールイメージを持って学ぶ力をつけるため。

【作り方】

① 指導書や単元テストを参考に、一時間ごとの「ゴール」を一覧できる表を作成します。これが『単元計画』です。

② 教科書と同じ図やイラストを挿入します。『図入り』の方が学びやすさに手応えがあります。

③ Ａ５サイズに印刷し、単元の学習前に子どもたちに配付します。

「1 つ分の数」×「いくつ分」＝「ぜんぶの数」
をマスターしよう！

11 3のだん、4のだんの九九

時	ページ	目ひょう		#こひょうか
16	17	3のだんの九九をとなえることができる。	3のだんの 九九 3×1＝ 3 三一 3 3×2＝ 6 三二 6 3×3＝ 9 三三 9	
17	18	3のだんの九九をつかったP18の△をノートに書いて、もとめ方をせつめいできる。	3×4＝12 三四 12 3×5＝15 三五 15 3×6＝18 三六 18 3×7＝21 三七 21 3×8＝24 三八 24 3×9＝27 三九 27	
18	18	3のだんの九九をつかった「図入りオリジナルもんだい」をノートに書いて、もとめ方をせつめいできる。		
19	19	4のだんの九九をとなえることができる。	4のだんの 九九 4×1＝ 4 四一 4 4×2＝ 8 四二 8 4×3＝12 四三 12	
20	20	4のだんの九九をつかったP20の△をノートに書いて、もとめ方をせつめいできる。	4×4＝16 四四 16 4×5＝20 四五 20 4×6＝24 四六 24 4×7＝28 四七 28 4×8＝32 四八 32 4×9＝36 四九 36	
21	20	4のだんの九九をつかった「図入りオリジナルもんだい」をノートに書いて、もとめ方をせつめいできる。		
22	21	4×3と3×4になる「図入りオリジナルもんだい」をノートに書いて、もとめ方をせつめいできる。		
23	22	P22力をつけるもんだいがばっちりできる。		
24	23	P23力をつけるもんだいがばっちりできる。		
25	24	P24しあげのもんだいがばっちりできる。		
		テストで目ひょう点をたっせいできるように学しゅうする。		

※ 自こひょうか…▲ヘルプ！ ○できる！ でもせつめいはできない ◎せつめいも OK

『図入り単元計画』作成が私の教材研究です。

参照：水落芳明・阿部隆幸「だからこの『学び合い』は成功する！」（学事出版）

✔ ここがポイント！

子どもたちはノートの表紙の裏側（開きやすく剥がれにくい）に貼ります。上部をテープで貼ると、前単元の計画もめくって見返せます。拡大したものは教室に常時掲示し、授業では前面に移動して使用します。

「よーい」から走り始めていると「どん！」のときには初速が段違いです。「後出しブラックボックス型授業」よりも『先出しケルトンボックス型授業』の方が落ち着いて学習できる子が多いと実感します。

移動して使用する際に『マグネットクリップ』が役立ちます。　前単元の計画も見返せます。

　授業の締めくくりで、3段階の自己評価を『図入り単元計画』に書きます。「全員、片手を前に伸ばします。○はそのまま水平です。◎は上に上げ、▲は下げます。」手の上がり具合いで達成状況を共有する「挙手メーター」です。わずか数秒間だから毎時間継続できます。

IDEA 29 授業

見通せると力が出る！
先出し週予定

何のため ：見通しをもって行動する力を身につけるため。

【作り方】

① １週間の時間割表に、各教科の単元計画から１時間ごとの「ゴール」を「コピペ」して作成します。

② 前週の金曜日に２枚（１枚は子ども本人用、１枚は保護者用）配付し、教室にも同じ物を掲示します。

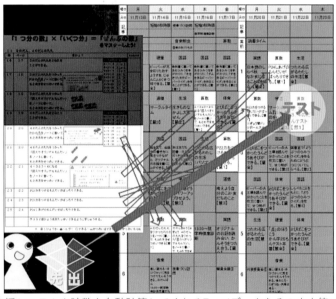

校務支援システムや時数を自動計算してくれるExcelデータをそのまま使います。

✓ ここがポイント！

朝や帰りの会での予定の確認や連絡帳の記入も、私は、変更があるときだけ行うようになりました。その分の時間を、仲間づくりのアクティビティや、振り返りに使っています。

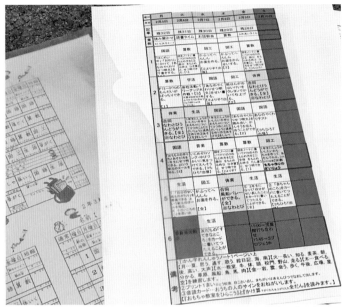

行事などの兼ね合いから、学年始めに渡した時間割通りにはいかない日の方が実は多いものです。子どもたちは、自分のファイルに入れた週予定を見て確認します。「先生、次の時間なんですか?」という子はいなくなります。

教室の前と後ろの2か所に掲示してあると親切です。2週分掲示するようにしていて、教師の私の働きやすさにもつながっています。

ロッカーを目隠しする掲示テクニックを併用するのもいいですね。

　言われて行動させられる人ではなく、自分で見て考えて行動できる人を育てたいのです。見通しをもてている子どもたちは「任せて」という表情です。「これさえできるようになれば大丈夫。」1時間ごとのゴールを精選できている教師も「安定」して教室に立つことができます。

書きやすい消しやすい！
手作り両面ミニホワイトボード

何のため 話合いや問題解決の経験値をあげるため。

1人1枚、机脇のフックにかけて保管し、使いたいときにいつでも使うことができるようにしています。

【作り方】

① 紙をラミネートします。

② 中央上部にパンチで穴を空けます。

③ つづり紐を通します。

メモを取ったり、筆談に使用したり、発表ボードとして活用したり、クイズ番組のフリップ風に使ったりすることができます。どの学校にもあるもので簡単に作れます。

✔ ここがポイント！

話合いや問題解決学習では思考や交流が促されます。発表ボードとしての利用価値も高いです。両面使用可能です。1年間毎日使ってもへこたれず耐久性も十分です。つづり紐は短めにするとぶらつきません。

　手作り「ミニホワイトボード」を1人に1つ配布します。学習時の発表ボードや思考ツールとしての活用、話合い活動の際のコミュニケーションツールとして活用していきます。
　ホワイトボード用マーカー＆消すためのメラミンスポンジの「最初の1セット」は学校で配布します。2つ目以降は、各家庭で準備してください。どんなものでもかまいません。100円ショップで販売されているのがおすすめです。ホワイトボード用マーカー黒（5本入り108円）、メラミンスポンジ（30個入り108円）です。

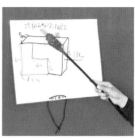

「説明できた！」という経験が、自信を築きます。

「最初の1セット」は学校で配付し、2つ目以降は各家庭で準備をお願いしています。

柔軟性のある素材のため、黒板からはみ出しても貼ることができ、40枚を一挙に黒板に貼り出すことも可能です。

片面「方眼」や隅に「強力マグネット」を付けるなどの工夫もできます。

参照：岩瀬直樹・ちょんせいこ「よくわかる学級ファシリテーション①―かかわりスキル編―」（解放出版社）

　子どもたち自身が使うものだから、子どもたち自身の手で作るのが良いと私は考えます。朝や休み時間に「いっしょに作ってくれる人？」と呼びかけると、好奇心旺盛な子どもたちは喜んで作ってくれます。自分たちで手作りしたものだからこそ一層愛着も湧きます。

話しやすいまとめやすい！
ホワイトボード＆イーゼル

何のため 話合いや問題解決の質を上げるため。

　話合いや問題解決学習のときに、いつでも使うことができるように、ホワイトボードとイーゼルを学級や学校（児童会費で購入）に10セット（4人に1セットが基本）準備します。DIY SHOPやインテリアSHOPで手に入ります。※ホワイトボード90×60（1,048円税別）ワイヤーイーゼルL（467円税別）ニトリ

イーゼルで立てると「簡易パーテーション」になり、議論の集中度が増します。

✔ ここがポイント！

ファシリテーター役を誰もが経験できる『ホワイトボード・ミーティング』に取り組むことができます。教科の学習においても、お互いの意見を尊重し可視化できる、学び合いを促す技術と道具です。

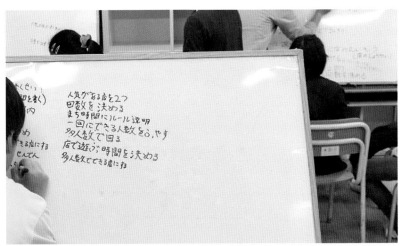

少人数での話し合いを同時に行うことができます。ファシリテーター役を皆が経験し、学級会や代表委員会もホワイトボードを活用することで「質」が変わっていきます。

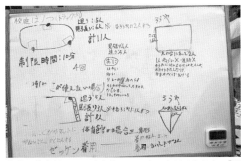

校庭や体育館にそのまま持っていくことができます。「現地」で話し合って修正し、またすぐ試みることが可能です。

「マグネット」で何でも貼れます。移動可能な掲示板としても活躍します。

参照：岩瀬直樹・ちょんせいこ『よくわかる学級ファシリテーション②—子どもホワイトボード・ミーティング編—』（解放出版社）

　　ファシリテーターが育ってくると、話を聴き合える関係が育まれ、子どもたちが主体となった学級（学校）運営を行い始めます。ファシリテーションは「技術」なので、練習すれば大人も子どももできるようになります。経験「量」がコミュニケーションの「質」の向上に必須です。

5分も積もれば山となる！
漢字フラッシュ

> **何のため** 学習用語の定着をはかるため。

【やり方】

① PowerPointなどのプレゼンソフトに、漢字ドリルの小テストで出題される全ての熟語を「1スライドに1問」ずつ入力し「漢字フラッシュ」を作成します。

② 「漢字フラッシュ」の画面（大型テレビやスクリーン）を教師がワイヤレスマウスでテンポよく切り替え、画面に出た漢字の読みを斉読（全員一斉音読）します。

③ 授業冒頭の5分間、毎日続けます。

フラッシュカードのデジタル版です。反復は力になります。

✔ ここがポイント！

1年間で学習する漢字も「読み」だけなら数日間でできるようになります。他教科でも、テストなどで出題される重要な学習用語は授業冒頭に繰り返します。イラストや写真も一緒だと頭に入りやすいです。

漢字小テストを「友達採点」する際、「漢字フラッシュ」の画面を映します。拡大機能のあるワイヤレスポインタ（Logicool『Spotlight』等）も活用すると、間違いの多い箇所の共有に役立ちます。

消えてしまう画面も、印刷すれば消えない「掲示教材」として活用できます。

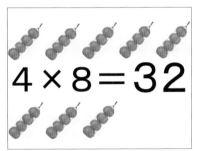

「かけ算フラッシュ」や「理科フラッシュ」や「歴人（歴史上の人物）フラッシュ」など他教科でも大活躍です。

　デジタルデータは『二次利用』が可能な点が強みです。ネット上にダウンロードできる教材も豊富にあります。テンポよく切り替わる画面に合わせて、授業冒頭に全員で声を出すと、授業モードにスイッチが入ります。毎時間のルーティンにしてしまいましょう。継続は力なり。

ハラハラワクワク「じごく読み」！
ピンポンブー

何のため：**失敗を笑い飛ばせる集団を育てるため。**

【「じごく読み」のやり方】

① 「、」や「。」まで、一人ずつ立って交代に音読します。

② 間違えずに読み切るとセーフです。座れます。

③ アウト（読み間違い、読み過ぎ、3秒以上止まる）になると、教室の「全員」が立って、その人が音読する予定だった文章を初めから再読します。

④ アウトになった人は立ち続けますが、もう一度自分の番が回ってきたときに読み切れると座れます。全員が読み切れたら2周目です。

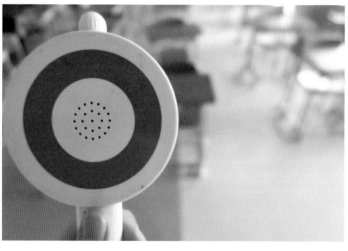

音読練習に緊張感と楽しさを加えたいとき、このアイテムが大いに盛り上げます。

✔ ここがポイント！

『ピンポンブー』が「じごく読み」を盛り上げます。「〇」は「うまい！」と感じたときだけ鳴らします。「×」のときは「ブーーーッ」と鳴らすと意地悪な感じがするので、「ブッ」と短く可愛らしく鳴らします。

教師は黒板の前に『ピンポンブー』と教科書をもって椅子に座ります。緊張感も増しますが、楽しさも増し増しです。ジャッジ役を、音読が特に上手な子に交代しても盛り上がります。

「失敗を笑わないクラス」よりも「失敗を笑い飛ばせるクラス」を目指したいです。「リトライ」が保障されているからチャレンジできるのです。

『ピンポンブー』は、インターネットなどで購入可能です。

　緊張感のある活動ですが、「じごく読み」は子どもたちに大人気です。家庭での音読練習に真剣に取り組む子が増えます。音読が上達するだけでなく、失敗を恐れずに表現活動にいきいきと取り組む集団に育っていきます。「間違いは宝！」を実感できる学習活動です。

ルーレットの神様の言う通り！
スピナールーレット

何のため 反復練習に遊び心をもって取り組むため。

【作り方】

　ハンドスピナー（100円ショップで購入）と丸マグネットを強力両面テープで固定し、矢印（ラミネートをしたものだと丈夫）を貼り付けて完成です。

偶然性が、緊張感と集中力を高めます。くるくると回っていた矢印が止まったお題に取り組みます。

ボールベアリングを軸として手の力で回転するおもちゃを、心地よく回るルーレットに改造します。

✔️ ここがポイント！

「回数」（5回・10回・15回）、「書く場所（ノート・掌・空書き）」、…と、アレンジが自在です。「量」を経験するほど上達する漢字練習や言葉集め、コミュニケーション活動にもってこいです。

自作して会社（係）活動で活用する子どもたちの姿も見られました。

「えーっ、15は無理ぃ！」ブーイングしつつも、なぜか笑顔で取り組んでしまいます。ルーレットが決めたからです。
「←矢印型」よりも「△三角型」の方がよく回転し、丈夫です。

　ゲーム感覚で取り組むことができるので、単純な反復練習も「やらされ感」がなくなるからあら不思議です。さいころトークならぬ「ルーレットトーク」も楽しいです。『スピナールーレット』がもたらす「偶然性」が、子どもたちの意欲をアップするのです。

AIも理解できるハキハキ音読！
音声入力音読

何のため　メタ認知能力向上のため。

【やり方】

① タブレットを1人1台準備します。

② 教科書の指定箇所をタブレットに「音声入力」します。

③ 時間内に正確に「音声入力」できたらゴールです。

モゴモゴ音読を脱し、ＡＩも認識できるハキハキ音読を目指しましょう。

✔ ここがポイント！

AIと人間との共存がこれからの時代は必須です。AIが正しく認識できることが「音読」の一つの指標となります。AIという第三者的な評価の視点から、音読表現の「メタ認知」を促します。

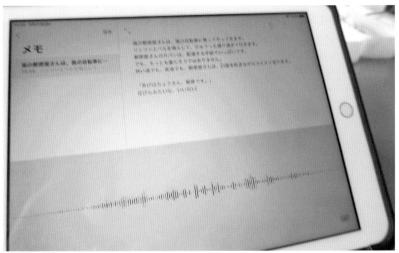

話したことが瞬時に「文字データ」に変換されます。思わぬ言い間違いや誤変換を誘います。和やかな雰囲気の中で、ハキハキ音読を楽しみましょう。

「ストップウォッチ機能」では時間、「騒音計アプリ」では声の大きさを数値化することができます。

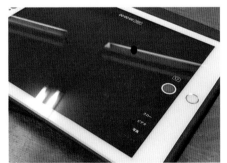

タブレットで音読の様子を「動画」で撮影し、表情や口形のセルフチェックが簡単にできます。

　音声入力では、改行をしたいときに「かいぎょう」と言う必要があります。（もしくは、画面をタップします。）詩のような改行が多い文章は特に、日本語の美しいリズムを味わうねらいとは離れてしまうこともあります。「ねらい」を子どもたちと共有して実践することが大切です。

書くことがどんどん好きになる！
コメント交換

何のため：相手を意識した表現や技法を身につけるため。

【やり方】

① 子ども同士が作文（ノート）を交換して読み合います。

② 赤鉛筆で、いいなと思った所に線を引き、肯定的なコメントを書き込みます。

③ サインも書きます。

まずは、線を引く、いいねと書く「だけ」でもOKです◎

短時間でも構いません。作文やノートなど、書いたものは読み合うようにします。「コメント交換」の効果は絶大です。

「コメント交換」が機能するように、教師は子どもが書いたコメントへのコメントや、見ましたスタンプやサインをします。

✓ ここがポイント！

書いて「すぐ」だから、フィードバックが染み込みます。間が空くと鮮度が落ちます。大きな行事のときだけ特別に作文を書くというのではなく、日常的に書き、短時間で読み合うサイクルが力を伸ばすのです。

友達からの肯定的なフィードバックは本当にうれしいものです。読者を意識した文章表現やノートをまとめるテクニックなどを学んでいきます。教師はコメントしていた時間を、ちがったアプローチで子どもたちを伸ばす時間に充ててみましょう。

「友達採点」の精度の高さが、学力向上にもつながります。さりげない「コメント」が温かいです。

説明を聴き合い、サイン「だけ」交換することもあります。「デジタルサイン交換」は人気の活動です。

　40分間作文を書いて教師だけがコメントをしていたときよりも、10分間作文を書いて10分間子どもたち同士で『コメント交換』を行うようになってからの方が、作文の量も質も見違えるものになりました。教師「も」読むのが楽しくなります。継続できることが大切です。

時間を守ると授業が変わる！
10秒刻みデジタルタイマー

何のため : 時間を守る感覚を身につけるため。

「10秒刻み」で素早く設定できるタイマーでテンポのよい授業を作ります。「時間」を守らざるを得ない環境を整えることで、授業は大きく変わります。

3秒10字、5秒20字、10秒2文、30秒5文程度…と教師も子どもたちといっしょに自らのスピーチスピードの感覚を磨いていきましょう。

✔ ここがポイント！

1秒刻みで活動することは教室では稀です。例えば、30秒の計算練習をするのに30回ボタンを連打や長押しするのではテンポの良い授業をつくるのは困難です。「10秒」ボタンがあるものがお薦めです。

「10秒」ボタンがある佐藤軽量器製作所（SATO）の大型マグネット付タイマー（1,480円）を愛用しています。

掛け時計や腕時計は「1秒」まで見える「デジタル時計」がお薦めです。

人工衛星が正確に時刻を自動調節してくれる「電波時計」を愛用しています。

　授業時間超過の大きな要因は「（教師の）話し過ぎ＆（活動の）詰め込み過ぎ」です。教師が「時間」を守るようになると、子どもたちも「時間」を守るようになりました。教師も子どもも共に「時間」を大切にできる教室を目指したいです。

📖 学びの位置が全員分見える！
両面名前マグネット

何のため｜**全員の学びの現在位置を確認でき、達成を実感するため。**

【作り方】

① 「マグネットシート」を5cmに裁断します。（表裏で色が異なる「マグ
タッチシート両面カラー厚さ1mm×10枚入」がお薦めです。）

② 「名前ラベル」（テプラなどに差込印刷）を「両面」に貼ります。

③ 2つ以上あると、何かと便利です。

表裏で色が異なり「両面」が使える物だと、貼る、移動する以外にも、「ひっくり
返す」ことが可能になります。SAまで達成（例：10人以上に説明）できた、討論
の際の学習上の立場、男女など…「色」も駆使して学びの現在位置が可視化しや
すくなります。

✔ ここがポイント！

100円SHOPなどで購入できるミニホワイトボードからミニホワイトボー
ドへ名前マグネットを移動するようにすると、一つひとつ取り外す必要
もなく黒板への取り付けや取り外しも手間取りません。

〇人『以上』とゴールを設定しているので、交流が時間いっぱいまで促されます。時間までに交流した後、やりとりできた人数を必ず聞いて挙手します。

話合いや役割分担などの学級活動でも重宝します。

自分の名前が黒板に貼ってあるだけで、授業への参加度が上がります。

　　全員の学びの現在位置が一目でわかるようにしています。達成状況を見ながら子どもたちが動きはじめ、交流が促されます。「ステージをクリアして進む感じがうれしい。」自らの成長が実感でき、学習意欲の高まりにも効果があります。自分の名前は自分で動かします。

メモ魔が育つ！
ナンバリングメモ

何のため メモする力を育むため。

① NHKデジタル放送の番組を見ます。
② 「ナンバリング」（番号付け）してノートに「メモ」します。
③ メモを書けた数を挙手で確認します。
④ メモの中から「なるほどベスト3」を選んで赤丸を付け、ペアで伝え合います。

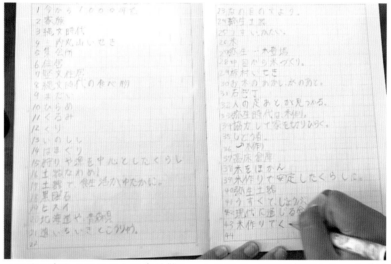

メモする力をつけることは案外難しいものです。日頃の授業から、まずは「数」を求めていきます。

✓ ここがポイント！

番号を付けるとメモの量が飛躍的に増えます。量をこなせば質が向上する「量質転化の法則」があります。多量の情報から自分にとっての「ベスト3」や「ベスト1」を選ぶことも習慣化していきます。

10分間の動画を、凄まじい集中力でメモを取るようになっていきます。優良な動画教材を積極的に活用しながら、教科の知識を獲得しつつ、速記力と思考力を鍛えるトレーニングを積み重ねていきましょう。

教師も子どもたちと競い合うように「ガチ」でメモを取ります。ホワイトボードに書くと、保存し、単元中に活用することができます。

身につけたメモ力は、ゲストティーチャーとの特別授業や校外学習で遺憾なく発揮されます。

　メモできる力が「小3プロブレム」や「中1ギャップ」から子どもたちを守ります。NHKデジタル放送を視聴しながらのトレーニングは、学年や教科を問わず、メモ力向上に抜群の学習活動です。校外学習やインタビュー活動や出前授業への取り組み方が変わります。

タブレットが真価を発揮！
1人1イヤホン

何のため 学習の個別最適化を支援するため。

　1人1台の端末を「音」を気にせずに利用できます。動画コンテンツやアプリを利用し、例えば次のようなことができます。

【使い方】

- 自分のタイミングで一時停止してメモ
- 大切な所を何度でも巻き戻して再生
- スクリーンショットに書き込み　など

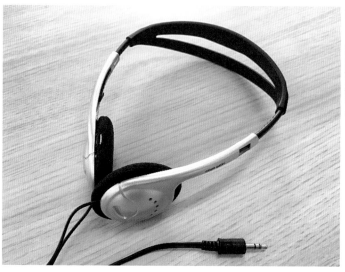

トーク＆チョークのみの一斉指導では不可能だったことが実現可能です。

✔ ここがポイント！

個人で準備できる場合は耳穴に差し込むイヤホンタイプでも構いません。公費で購入し共有する場合は（衛生面から）耳を覆う「ヘッドホンタイプ」を選びます。高価な物である必要はありません。

音楽や家庭科などの実技教科では、手本動画を自分のタイミングで観て止めて習熟ができます。学び方を自己選択しながら、子どもたちは豊かに学びます。

十分間の動画をスクリーンショットしながら視聴し、その画面を見せながら説明すると、もう立派なプレゼンテーションです。1人1台で動画を観るために「イヤホン」はマストアイテムです。

　視聴覚室のロッカーに「ヘッドホン」が大量に眠っていました。使ってみると、個別最適化された教育を推進する上で欠かせない物となりました。タブレットとセットで各校、できれば各自（100円SHOPでも手に入ります）準備されることを強くお薦めします。

遊んで頭ほぐし！
育ち方すごろく

> **何のため** 順序性を楽しく理解するため。

「すごろく」を作る長所は以下の３点です。

1　順序性を意識できる。

2　調べたことを入れられる。

3　自由度が高く工夫できる。

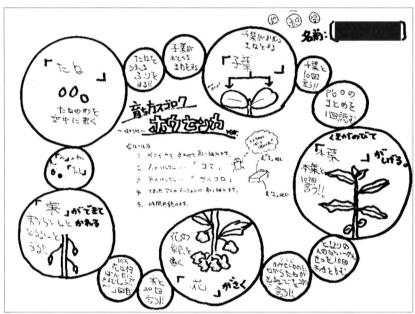

子どもが作成した『育ち方すごろく〜ホウセンカ版』です。

✔ ここがポイント！

２人以上で、力を合わせて取り組むすごろくです。ゴールをして終わりではなく、何周も繰り返し行うことができます。「花」が枯れると「種」となり、「命は繰り返されていく」ことを意識することができます。

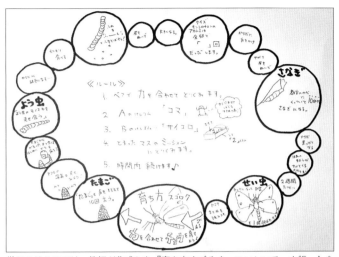

単元のはじめでは、教師が作成した『育ち方すごろく～モンシロチョウ版～』を
体験します。子どもたちが製作する過程では、様々な工夫が出てくるのも遊びの
延長ゆえの魅力です。

すごろくに取り組みながら、大切な言葉を
繰り返し声に出したり、動作化に取り組ん
だり、教科書の写真や図を見たりします。

ペアで温かくつながりながら、理科の知識
を定着することができる「頭ほぐし」の活
動です。

参照：阿部隆幸・東北青年塾『はじめの5分で頭の準備運動を！「頭ほぐし」の学習ベスト50』（学事出版）
　　　上條晴夫編『教科横断的な資質・能力を育てるアクティブ・ラーニング―主体的・協働的に学ぶ授業プラ
　　　ン小学校編―』（図書文化社）

　教科を問わず、「順序性」のあることを理解するねらいの単元と「すご
ろく」との相性はとても良いです。作成するために、教科書や資料集の
言葉・写真・図、実物を観察する必然性が出てきます。仲間のアイデア
に触れながら製作活動に取り組める環境を整えましょう。

IDEA
42 | 授業

高学年女子も汗だく！
数取器

何のため : 運動量を確保するため。

【班対抗１分間連打選手権のやり方】

① 「数取器」をバトンのように班員で回し、「親指で」連打します。

  ※１人１回以上は必ず「数取器」に触れます。

② 　１分後、最多回数の班に拍手を送ります。

③ 「作戦タイム」を設けた後、２回戦、３回戦…と取り組みます。

『数取器』（数をカウントする小型機器）を生活班分用意します。
※100円SHOPで手に入ります。

✓ ここがポイント！

１．作戦を立てる、２．お互いを励まし合う、３．汗が流れる活動を
設定する…『数取器』を活用した活動を通して仲間との絆が深まりま
す。破損防止のため親指だけで押すようにします。

『4色ラッキーマンサッカー』

① 四つ巴の試合をします。

② ゴールは4カ所，自分たちが守る以外のゴールにボールが入れば得点です。

（例えばハードルをゴールにし，当たるかくぐるかで得点とします。ゴール内に設置したラッキーカラーコーンに当てると5点もお薦めです。）

③ 得点者はボールを手で持って走って移動し，コート中央のボールかごの中にボールを戻します。（移動中は，透明人間状態＝試合不参加状態です。）

④ 得点者はボールかごに結びつけてある数取器を自ら押して得点を入れます。

（ここから試合に戻ることができます。）

⑤ 赤帽子の児童はゴールした時に得点が2倍になるラッキーマンです。

（ラッキーマンは第1クオーター〜第4クオーターのどこかで1人1回は経験します。）

⑥ 教員はかごの中からボールを取り出し，コートの中に次々に投入します。

（試合の動向を見ながら，特に運動量が少なさそうな児童のところへボールを投入するようにします。ありったけのボールを用意しています。
どこに転がるか分からないラグビーボールの投入もお薦めです。）

⑦ 第1クオーター〜第4クオーターです。守るゴールとラッキーマンを変えます。

⑧ エンドラインやサイドラインはありません。

⑨ 必要な場合は，キーパーやゴール前に進入禁止エリアを設けましょう。

⑩ 総得点の最も多かったチームが優勝です。

『4色ラッキーマンサッカー』（校庭）や『バスポ（バスケットボール＋ポートボール）』（体育館）など，人やボールやゴールの数を増やして運動量を確保します。

三つ巴や四つ巴の試合が可能になります。ゴールかごにゴムでぶら下げています。

回数を声に出すとリズムが狂う『8の字跳び』では，縄が地面に着く瞬間に「はいっ！」と声を出し，カウントします。

　人やボールやゴールの数を変えたり、ルールを加えたり、制限したり…運動の特性の楽しさをより多くの子どもたちが感じることができるように『工夫』します。この『工夫』の一翼を『数取器』が担います。高学年女子も汗だくになる「運動量の確保」が絆を育む一助となります。

高鮮度で即展示！
作品ネームカード

何のため **鑑賞の機会を増やすため。**

【作り方】

① A4用紙に16名分、遠目からもはっきり分かる書体で名前を印刷します。
   （1名分の大きさの目安105mm×37mm。名刺サイズも可。）

② ラミネートします。（厚紙であれば、ラミネートの必要は無い。）

③ 裁断し、ゼムクリップを1つ付けます。

✓ ここがポイント！

平面作品用と立体作品用に「2組」作っておくと良いです。子ども自身の手で展示することができます。完成したてほやほやの状態や、未完成でも級友の途中経過には鑑賞したくなる魅力があります。

平面作品は「ゼムクリップ１つ」で『作品ネームカード』を貼れます。展示するための作業に時間がかかりません。何度でも利用可能です。

立体作品は、作品のそばに置きます。思い思いの場所に自分で展示します。

「途中経過」もとても美しいです。背面掲示板もマグネットクリップギャラリー化すると、「即展示」が可能です。

　展示するのが「おっくうにならない」ことが、鑑賞の「旬」を逃さないためには大切です。コメントカードを書き、糊付けする作業に時間をかけるよりも、「即展示」できた方が、鑑賞の質を高め情操を養い、図工の技術向上につながることがあります。感化し合える環境づくりです。

評価の強い味方！
奇数色名簿

何のため 評価の速度と精度の向上のため。

名簿に「一行置きに色」（奇数行に薄い灰色）を付けるだけで、評価を記載する速度と精度が大幅に増します。

	年　組							
1								
2								
3								
4								
5								
6								
7								
8								
9								
10								
11								
12								
13								

たった10秒の差であっても、１年間では莫大な時間になります。

✔ ここがポイント！

背景色や罫線はなるべく「薄め」が望ましいです。書き込んだ情報が「見やすい」からです。そして、Aや☑や点数やコメント等、様々な評価に、この１枚で万能に対応できるようにするためです。

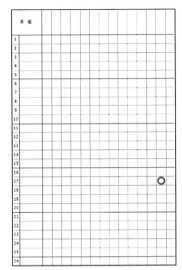 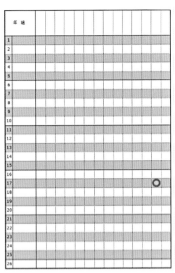

真っ白の名簿よりも「一行置きに色」（奇数行に薄い灰色）を付けるだけで、このようにとても見やすくなります。縞模様が誤記や誤読を防ぐのです。

『奇数色名簿』の名前の部分のみを短冊のように切り取り、ラミネートしたものを教室入口に貼っておくと何かと便利です。

Excelの「ホーム」→「テーブルとして書式設定」をクリックすると、既存の名簿も一瞬で『奇数色名簿』になります。

　名簿に限らず、表の形をしているワークシートなど、様々な物に応用できるのが「縞模様」テクニックです。一行置きに色を付けることで、誤記や誤読を防ぎ、よりスピーディかつ正確に情報を扱うことが支援されます。より良い評価が明日のより良い授業につながるのです。

IDEA
45 授業

 「ワイヤレス教師」の必需品！
チョークバッグ

何のため テンポのよいタイムリーな授業を展開するため。

【授業中】

- 『チョークバッグ』（クライミングなどの滑り止めの粉入れ）にTVリモコン、ワイヤレスマウス、採点ペンなどを入れ、腰につけます。

【授業以外】

- リモコン入れとしてそのままテレビの裏側に掛けて使います。

美容師さんのシザースバッグのように授業の必需品を肌身離さず携帯します。

✓ ここがポイント！

ICT環境の充実と併せて、TV画面を見てほしいとき以外は「消画」ボタンで見せない工夫が大切です。教室のどこからでも画面操作ができるように「リモコンが入る大きさの腰かけバッグ」を身につけます。

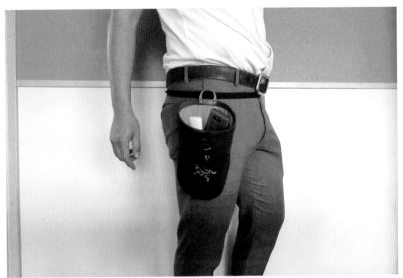

HDMIケーブルを4本まで接続できる大型テレビのため、PCやタブレットや実物投影機など、リモコンで切り替えて使用しています。

ワイヤレスマウスも使わないときには入れておけます。

リモコンが入る大きさ＆出し入れがノンストレスな点が重要です。

　まるでヒーローが戦うときにつける変身ベルトのように、腰に巻くことで授業モードにスイッチが入ります。AL時代の教室を縦横無尽に動き回れる「ワイヤレス教師」のマストアイテムです。私は、軽くてデザインもシンプルな『チョークバッグ』を愛用しています。

「チリン」で注目！
ベル付きクリップボード

何のため 縦横無尽に動き回る活動中心の授業をサポートするため。

【作り方】

① クリップボードの左上にキリで穴を開けます。

② 自転車用のベルを取り付けます。

　※どちらも100円SHOPで手に入ります。

「チリン」という合図を、いつでもどこでも鳴らせます。教室を動き回りながらデジタル教科書などの操作をする機会が増え、ワイヤレス（無線）マウスが欠かせません。

✓ ここがポイント！

教室内を移動しながら、ワイヤレスマウスパッドとして使用しつつ、子どもたちの姿をメモできます。熱心に活動している最中でも耳に入るベルの音を、「ここぞ！」というときに教室のどこからでも鳴らせます。

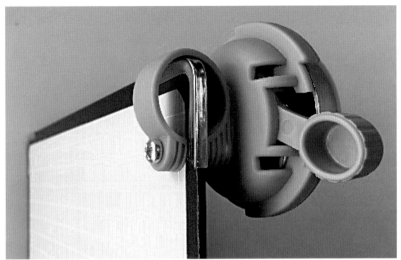

卓上ベル付きマウスパッドにもなるバインダーです。

簡単に手作りできます。お試しください。

ワイヤレスマウスは、画面の拡大・縮小が手元（親指ホイール）で操作できる物（Logicool『MX Master』シリーズ）を愛用しています。

　教室のどこからでも、ベルを「チリン」と鳴らせば、「注目」や「活動の終わり」、「交代」などの合図ができます。子どもも教師も教室内を縦横無尽に動き回り、多様な考えに触れて学びを深める、活動中心の授業をサポートするアイテムです。

第 **3** 章

行事編

バック絵が動く！
デジタルバック絵

何のため 印象に残る学習発表会の演出をするため。

【作り方】

① 「園芸用不織布1.8m×4m」（100円SHOP）×2枚と「透明養生テープ」でスクリーンを作成します。

② 「屋根裏」から吊るします。すずらんテープ＆紙筒＆紙板などを使い、「ピン」と張れるほど美しく映写できます。

③ 「短焦点プロジェクタ」をスクリーンの「後ろ側」から投影します。

幕間に動画を上映することや、文字による説明を映し出すことも可能です。アーティストのLiveや演劇の舞台でもデジタルスクリーンが取り入れられ、演出の幅が大きく広がっています。

✔ ここがポイント！

クリック一つでバック絵が変わります。動きます。文字も表示できます。スクリーンの「後ろ側」から投影すると、演技が映像を遮ることがありません。この場合スライドを「反転」して作成する注意が必要です。

主役の子どもたちを「引き立てる」ために使うことが大切です。あくまでも「背景」です。紺幕には黄色など、バック幕の色との相性で映し出す色の見栄えが変わります。

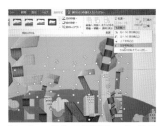

【Ctrl】＋【A】で全選択し、「一括反転」するのが便利です。

白地の壁面×高性能短焦点プロジェクタの場合は、「直接」壁に投影するのがシンプルで美しいです。スライドの反転の必要もありません。

参照：学習サークルビートル『みんなで成功させる! 学芸会づくりと指導のコツ』（ナツメ社）

　悪役の場面は赤、悲しい場面は青など、照明代わりになります。幕間には物語を補足する解説文も挿入できます。メリハリがあって分かりやすく、テンポの良い舞台が演者にも観客にも親切です。学校全体でシェアして使えると、準備の時間を大幅に削減できます。

汗や湿気でも大丈夫！

へたらないかぶりもの

何のため : 学習発表会へのやる気を引き出すため。

【作り方】

「ラミネート」したイラストをかぶりものに固定します。

【安全面の配慮】

※ハサミで「角」をとります。

※セロハンテープで「ホッチキスの針」を覆います。

自分の手で作ったかぶりものにやる気倍増です。壊れないことで本番さながらの緊張感で練習から取り組めます。

✔ ここがポイント！

「ラミネート」することで、汗や湿気でも「へたらない」かぶりものが簡単に作れます。（練習の度に補修していたのではかないません…。）
イラストのデザインに「余白」や「空洞」があっても、自立します◎

一番左は、ラミネートの熱でクレヨンの成分が溶けてしまったものです。熱と相性の悪いインクなどもあるようです。注意が必要です。

大きい方が舞台栄えします。迫力のＡ３サイズも『ちょんまげ作戦』で自立できます◎

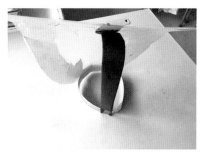

『ちょんまげ』は「黒の画用紙」を折りたたんで作ります。

　子どもたちが「自分で」作ることができます。

　ラミネートをかけると彩色が映え、丈夫に仕上がります。

　完成度が高く、満足感を感じられるので、学習発表会への一層のやる気につながるのです。

力仕事のやる気アップ！
軍手×40

何のため 安全に力仕事を行うため。

　子どもたちによる行事の準備や職員作業のときに、ケガや事故を防止する観点から、『軍手』を誰にでも貸せるように「40組」用意しています。

全員で軍手をつけることで一体感も生まれます。

✔ ここがポイント！

『軍手』を付けるだけで「安心感」が大きく増します。「特別な仕事をするぞ！」とスイッチが入り、作業効率が大きく上がります。「丸めて戻す」ルールにすると、紛失を防ぐことができます。

特に、5年生や6年生は行事の準備や学校の力仕事をする機会が多いです。素手で作業したときと比べて指や腕の疲労感が雲泥の差です。職員作業も安全に短時間で終えられます。

アウトドアクラブの児童にも貸し出しました。火起こしや焚火での焼きマシュマロを楽しみました。

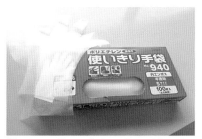

『使い切り手袋』や『ゴム手袋』は清掃活動のときに重宝します。肌の弱い児童は各自準備すると良いです。

　腰が重くなりがちな力仕事ですが、『軍手』をするだけで、あら不思議！みるみる力が湧いてきます。「ご自由にお使いください。」と、作業現場にドサッと袋ごと置いておきます。高学年の担任や大きな行事の担当をするときにぜひ試してみてください。多くの人に感謝されます。

映像で所信表明！
ムービー通信

何のため 子ども・保護者・教師で目指している学級を共通理解するため。

　授業参観の「最後の5分間」で、『ムービー通信』を観ます。

① 　全員ができるを目指して学び合っている姿

② 　いいところを伝え合っている姿

③ 　よりよい自分になるため振り返っている姿…

　「こんな子どもたちに育ってほしいです！」を、子どもたちの実際の「映像」を編集したもので表現します。

学級経営案の「映像版」です。

✔ ここがポイント！

子どもたち・保護者・教師が一緒に「授業参観の中」で観ます。

担任の教育観や教育手法を言語化して伝えていくことは大切ですが、「映像化」したものの浸透力にはかないません。インパクト大です。

1年間で授業参観の回数分作りました。毎回テーマを設けて編集しました。学年版もお薦めです。何度だってアンコール上映もできます。編集を通して教師の自分がこの1年間「特に大切」にしたいことは「これ！」と研ぎ澄まされます。

時間は五分未満（一曲程度）と決めています。『Video Studio』（Corel）を使って編集しています。

懇談会や個人面談でも何度だってアンコール上映できます。

　子どもたちは目を輝かせて自分たちの映像を観ます。心地よい余韻に包まれ授業参観を終えられます。仕事が忙しくても授業参観・懇談会に足を運んでくださるようになった保護者の方もいて、強力な応援団として支えてくれます。手間をかけて編集する価値が十分あります。

懇談会参加のリピート率アップ！
その日ムービー

何のため ：「参加してよかった！」と保護者が思える懇談会にするため。

タブレットやデジカメなどで子どもたちの１日の様子を撮影します。

① 朝の時間

② １校時〜４校時

③ 休み時間や給食や掃除…

朝の映像から順に、懇談会で大画面を使って観ていきます。

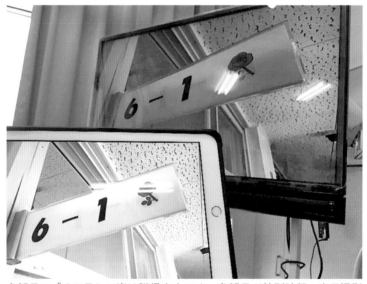

参観日の「その日」の姿は説得力大です。参観日が特別時程、当日撮影では不安などの場合は、前日までに撮影したものでももちろんOKです。

✔ ここがポイント！

「動画編集はちょっと…。」という人も、ご安心ください。特別な編集は必要ありません。「いい場面」にレンズを向けて、１日を撮影したものを保護者と一緒に観ていきます。

個人面談も、タブレットやパソコンを準備します。映像や写真がある方が子どもたちの具体的なエピソードを保護者も教師も断然話しやすいのです。

AppleTVやChromecastなどで「無線」接続できるものがあります。

コネクタとHDMIケーブルで「有線」接続できるものがあります。

「普段の様子がとてもよくわかる。」

と保護者からとても好評です。懇談会資料を読むだけでは、次回から保護者が残らなくなってしまいます。(…懇談会資料がていねい「過ぎる」ことにも問題を感じています。)動画や写真の活用を、ぜひ!

誰も傷つかない我が子自慢！
我が子エピソード

何のため ：我が子のことをたくさん話せて満足度の高い懇談会にするため。

懇談会資料に、『我が子エピソード』の記入用紙を綴じ込みます。

学級通信タイトル募集中　　　　○○小○年○組
　　　　　　　　　　　　　　　学級通信
　　　　　　　　　　　　　　　No. ○

教えてください！「我が子エピソード」

指導や支援は、まず一人一人のことを知ることからはじまります。

私がこの2週間で見つけた一人一人のいいところ、前年度まで関わった先生方から聞いていたいいところがあります。

ぜひ、おうちの方が知っている『我が子自慢』もたくさん教えてほしいです。

これまで印象に残った『我が子エピソード』を記入してください。

こんな力を付けてほしいという要望もどうぞお願いします。

お手数ですが、4月中にご協力をお願いします。

一人一人の力を伸ばすお手伝いを精一杯していきます。どうぞ、よろしくお願いします。

・・・切り取り・・・

お子さんのお名前（　　　　　　　　　　　）

懇談会で保護者に書いていただき、それをペアで交流、また書いて交流をします。我が子のことなので、自然と会話が弾みます。たくさん話ができると、保護者の満足度が上がります。

✅ **ここがポイント！**

提出（懇談会に来られなかった方には、後日子どもを通して）してもらった用紙には、どれもほっこりと心温まるエピソードが綴られます。保護者とお会いしたときや電話連絡などのときにも会話が弾みます。

お子さんのお名前（ 　　　　　　　　 ）

・人見知りをせず、誰にでもニコニコして関わる事が出来る。
・お調子者だが、いつも周りを笑顔にしてくれる。
・優しい。穏やか。
・マイペースではあるが頑張りやさん。褒められるともっと頑張れる。
・絵本、パズル等好きな事はとことん楽しむ。
・片付けやお手伝いを自ら気付いて出来る。
・几帳面で綺麗好き。
・苦手な事や物でも一度はチャレンジしてみる。
・素直、とにかく可愛い。

↑例：妻に書いてもらった我が子エピソード
我が子への深い愛情を目の当たりにして、一人ひとりへの責任を改めて実感します。最後の懇談会でお返ししたら、涙を流しながら読み返す方もいらっしゃいました。

この懇談会をきっかけにはじめて話すことができた、今ではお茶飲み友達という方もいらっしゃいました。

普段の授業で行っていることも体験してもらいながら、温かい雰囲気で交流します。

※ 『我が子エピソード』は、千葉県の飯村友和先生に教えていただいたものです。

　教え子自慢（教師）×我が子自慢（保護者）が促される手立てを懇談会に取り入れています。子どもたちの「よき姿」を通して保護者とつながりたいと考えているからです。子どもたちの「自慢話」に花を咲かせる時間と思えるようになったら、懇談会が楽しみになりました。

本を読む暇はつくろう！
風呂読（ふろどく）

何のため：良質なインプットとアウトプットのサイクルを回すため。

　湯船に浸かりながら読書をします。「風呂ふた」や「タオル」や「ブックカバー」を準備すると万全ですが、慣れるとこれらがなくてもあまり本は濡れません。

時間はつくるものです。極上のリラックスタイムが良いサイクルを生みます。

✓ ここがポイント！

風呂代（約百円〜二百円）のもとをとるぐらい浴槽で過ごすとぐっすり眠れて疲れが芯から取れます。読書の「習慣」と得られる「知識」、何よりも「健康」でいられることはプライスレスです。

教師の仕事は、毎日の授業をはじめとして、アウトプットの連続です。インプットとの「バランス」が成長していくために大切です。

「ジッパー付防水袋」に入れたスマホやタブレットで、音楽をかけたり、動画を観たりするのも良いでしょう。

自家用車通勤の場合はDVD（明日の教室シリーズ〈有限会社カヤ〉）など、電車通勤の場合はYouTubeなどの動画コンテンツを流しながら『車内講座』で通勤します。良いイメージで授業に臨めます。

　一日アウトプットしまくった頭と体には、スポンジのように本の情報が「吸収」されていきます。明日やってみようということが手軽に得られるだけでなく、一日の振り返りが自然と行われ、次の日からの実践につながる良きアイデアが浮かびます。いいこと尽くめの習慣です。

先生の通知表！
〇〇先生プロファイリング

何のため ： 先生のさらなる成長のため。

　私と、この1年間、きっと、私の家族よりも長い時間を過ごしたのが、みんなです。「いいところ」も、「アドバイス」も、1年間過ごしたみんなだからこそ実感していることを、遠慮なく書いてほしいです。「先生の通知表」みたいなものです。皆さんの通知表はここにありますから、成績などには一切関係しません。どうぞ、よろしくお願いします。

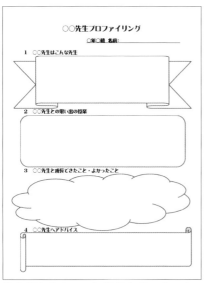

教え子たちとの1年間は本当に尊いものです。「次に進む」ためにも、ぜひ書いてもらいましょう。

✔ ここがポイント！

今、みんなが真剣に悩みながらも心を込めて書いてくれたように、私「も」これから渡す通知表を一生懸命書きました。…通知表を「渡す直前」に書いてもらいましょう。子どもたち「も」通知表を熟読します。

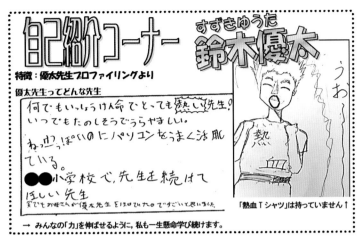

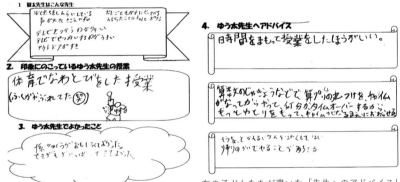

これから先生が担任するだろう新しいクラスの人たちに、こんな先生ですよ！と教えてあげるつもりで書いてもらってもOKです。（実際に、学級開きの担任自己紹介でも活用しています。）

初任の時に、教え子たちが学年末に書いてくれたものです。宝物です。

左の子どもたちが書いた「先生へのアドバイス」です。「時間を守る！」今も肝に銘じています。

　　毎年の最後の1日に書いてもらってきた『先生プロファイリング』をたまに読み返します。「ホクホク」する部分もあれば、今読んでも「ガーン」となる部分もあります。本気で向き合った教え子たちからのメッセージだからこそ、「糧」として私も成長できるのです。

IDEA
55 | 学級じまい

100枚5分！
超簡単スライドムービー

何のため 映像を使って振り返り、良き思い出とするため。

　PCやタブレットやデジカメには、「スライドショー」ボタンを押すと、フォルダ内の写真が自動的に「スライドムービー」になる便利な機能があります。

　行事の直後や学期末の振り返りに、大型テレビやプロジェクタで投影し、素敵な音楽と組み合わせて上映しましょう。

「スライドショー」ボタンを押すだけで、ダイジェストムービーが簡単に再生できます。

ここがポイント！

再生速度を1枚3秒（Windowsフォトビューアーでは「速」）にすると、「100枚5分」です。組み合わせる音楽（盛り上げる系、しっとり系…）で雰囲気が大きく変わります。

むずかしい動画編集作業は皆無です。写真を選ぶだけです。

結婚式のエンドロールのように、先ほどまで取り組んでいた行事をすぐに観ることもできます。

↑ ↙ › スライドムービー

名前

1219 (83)
1220 (35)
1221 (9)
1309 (18)
1312 (19)
1312 (22)
1316 (4)
1317 (10)
1323 (3)

1月→13、2月→14、3月→15…に続けて日にちをネーミングすると自動的に時系列で並びます。

　写真を選ぶだけで映像化できる便利な機能です。子どもたちが担当ごとに各月10枚の写真を選び、合体したものを分散会で観るのもお薦めです。写真を取捨選択する作業が「振り返り」を促し、語り合いや作文が充実します。忘れられない分散会になるはずです。

おわりに

　異動した年の学習発表会で、前任校で好評だった『デジタルスクリーン』の試作品を取り付けて練習していたときのことです。
　「先生、壁にも映せますよ！」
　ある子のつぶやきから、慌ててバック幕を開いてみました。そこには、プロジェクタを照射するためとも言える白い布地の壁面が姿を現したのです。

　「えぃちーでぃーえむあい、さん！」
　入力切替ボタンを押す度に教室の大型TVが読み上げます。この声が過刺激にもなるから『消音ボタン』も駆使してICT機器を活用しているという実践発表をした夜、参加した先輩教師が連絡をくれました。
　「家でリモコンの設定をいじっていたら、自動読み上げの切り替えがありました。『切』にしたら音が出ませんでしたよ！」

　「磁石は『画鋲』にもくっつくので、画鋲版マグネットクリップギャラリーを教室に設けたら、開いて貼ったノートを見合って自学が盛り上がっています！」
　仲間たちによるアレンジとフィードバックで実践の幅が広がり続けています。画鋲は、どの学校にもある物なので取り組みやすいです。

大元の設定を変えることも、特色ある設備に目を向けることも、汎用性を考えることも…「なぁんだ、そんなこと！」という実にささやかなアイデアです。神は細部に宿ります。こうした「ささやかさ」に救われ、授業や働くことそのものが面白くなった手応えがあるため、この一冊をまとめるに至りました。

　教え子たちへのラブレターであり、
　先輩方への感謝状であり、
　仲間たちとの軌跡の記録です。

　出会った方々の顔を思い浮かべながら筆を走らせることができました。
　ちなみに、『画鋲』よりも『曲板』の方が私はやっぱり好きです。さらに買い足して、背面掲示板も『マグネットクリップギャラリー』化したほどです。（笑）重量のある物を貼っても「安定感」が高くて落ちにくいためです。尖った印象のある実践も、実は「安定」を大切にしているからこそ、という新たな自分をメタ認知できたことも、本書の大きな収穫です。ありがとうございます。
　自分の好きや大切や強みも貫きながら、「何のため」を大切に、私も実践を続けます！

鈴木優太

著者紹介
鈴木優太

1985年宮城県生まれ。宮城県公立小学校教諭。『縁太会（えんたかい）』を主宰。「『学び合い』が機能する学級経営」「頭ほぐしの学習ベスト50」（学事出版）、「教職1年目の即戦力化大全」「ＴＨＥ教室環境」（明治図書出版）、「もっと笑う！教師の2日目」（黎明書房）など共著書多数。「授業力＆学級経営力」（明治図書出版）での「教室環境Reデザイン」や「クラスがまとまる！笑顔が広がる！今月の学級経営ネタ」の連載、「教育技術」（小学館）や「授業づくりネットワーク」（学事出版）などの教育雑誌、Webマガジン「リフレクションlab」など執筆多数。

教室ギア５５

2021（令和3）年2月19日	初版第1刷発行
2021（令和3）年4月28日	初版第3刷発行

著　者	鈴木優太
発行者	錦織圭之介
発行所	株式会社 東洋館出版社
	〒113-0021　東京都文京区本駒込5-16-7
	営業部　TEL：03-3823-9206
	FAX：03-3823-9208
	編集部　TEL：03-3823-9207
	FAX：03-3823-9209
	振替　00180-7-96823
	URL　http://www.toyokan.co.jp
［装　丁］	小口 翔平＋奈良岡 菜摘（tobufune）
［本文デザイン］	中濱 健治
［印刷・製本］	図書印刷株式会社

ISBN978-4-491-04050-9　/　Printed in Japan